mare

Wollten Sie nicht immer schon mal wissen, wie man Möwenwein macht, warum der Hering Bismarckhering heißt, welches das beste Meersalz ist, oder wie Marzipan beim Fischkochen hilft? »Das kulinarische Kielschwein« ist für die Gourmets unter den Maritim-Fans. Auch dieses charmante kleine Nachschlagewerk enthält wieder wunderbare Antworten auf Fragen, die Sie sich vielleicht noch nie gestellt haben, nützliche Tipps rund ums Meeresgetier, und nicht zuletzt viele appetitanregende Rezepte. Ebenfalls im Fischer Taschenbuch Verlag erschienen »Das kleine Kielschwein« (18002).

Lorenz Schröter wurde 1960 geboren. Er hat zwei Jahre lang die Welt umradelt, danach lebte er drei Jahre auf einer kleinen, autofreien Insel vor Hongkong. Zurück in Europa unternahm er eine Deutschlandreise auf dem Rücken eines Esels. Lorenz Schröter ist Journalist und Buchautor und lebt in Berlin.

Unsere Adressen im Internet: *www.fischerverlage.de*
und www.mare.de

Lorenz Schröter

DAS KULINARISCHE KIELSCHWEIN

Ein Sammelsurium rund um die Kombüse

Fischer Taschenbuch Verlag
mare

Veröffentlicht im Fischer Taschenbuch Verlag,
einem Unternehmen der S. Fischer Verlag GmbH,
Frankfurt am Main, August 2009

Umschlaggestaltung Nadja Zobel / Barbara Stauss,
Zeitschrift **mare**, Hamburg
Umschlagillustration Marei Schweitzer, Hamburg
Typografie und Layout atelier eilenberger, Leipzig
Druck und Bindung CPI – Clausen & Bosse, Leck
Printed in Germany
ISBN 978-3-596-18003-5

Kielschwein

auf den Bodenwrangen (den Querträgern des Schiffsbodens) angebrachte Verstärkung des Kiels. Im Rudersport wird mit Kielschwein ein zusätzlicher Passagier bezeichnet, der weder auf dem Steuer- noch einem Ruderplatz sitzt und somit keine Funktion erfüllt.

Welternährung *(Stand 2005)*

2 Milliarden Tonnen Getreide · 692 Millionen Tonnen Gemüse · 380 Millionen Tonnen Früchte · 265 Millionen Tonnen Fleisch

14 Millionen Tonnen Algen · 143 Millionen Tonnen Fischfang – davon 86 Millionen Tonnen aus dem Meer – davon 10 Millionen Tonnen Krebse und Tintenfische und 5 Millionen Tonnen Muscheln und 9 Millionen Tonnen Fisch aus Binnengewässern und 48 Millionen Tonnen Getier aus Aquakulturen (Salz- und Süßwasser) – davon 40 Prozent Karpfen

Fish & Chips

250 Millionen Portionen Fish & Chips wurden 2006 im Vereinigten Königreich verkauft. Ein Viertel aller dort verspeisten Weißfische wird als *Fish* über die Theke gereicht, das sind 60 000 Tonnen. Zehn Prozent aller konsumierten Kartoffeln werden zu *Chips* frittiert: 500 000 Tonnen.

Insgesamt gibt es 11 500 Fish & Chips-Imbisse auf der Insel (zum Vergleich: McDonald's bringt es gerade mal auf 1250 Filialen).

Betrunkene Krabben

pro Person zwei Dutzend Krabben, lebend
1½ Liter chinesischer Reiswein (oder Sake)

Reiswein in eine große Schüssel geben und die Krabben darin schwimmen lassen. Versuchen Sie, die lustigen Kerlchen mit Essstäbchen zu fangen. Man beißt zuerst den Kopf ab. Ein Spaß für die ganze Familie.

Die erste Restaurantkritik der Welt

von Sankt Theodor von Studites: Epistulae

«In Galatia gibt es ein Dorf namens Syceon ... Die Poststraße führt durch das Dorf, und an der Straße steht eine Unterkunft, die von einem sehr hübschen Mädchen namens Maria geführt wird und von deren Schwestern und Mutter ... In diesem Haus lebte ein gottesfürchtiger Mann namens Stephanus, der ausgezeichnete Speisen zubereiten konnte. Die Frauen des Hauses waren inzwischen respektvoll geworden, da sie ihren Beruf als Prostituierte aufgegeben hatten und ein keusches und frommes Leben führten. Sie widmeten sich der Kochkunst und bewirteten Gouverneure und Offiziere, die Stephanus zu seinem guten Essen beglückwünschten.»

Ein Meilenstein der Gastronomiegeschichte – erstmals wird eine Unterkunft wegen des Essens gelobt! Der erste Restaurantkritiker war ein Heiliger, Sankt Theodor von Studites (759–826), der letzte große Ökumene der Ostkirche und im byzantinischen Bilderstreit auf der Seite der Ikonenverehrer. In der griechisch-orthodoxen Kirche wird er am 11., in der katholischen Kirche am 12. November verehrt.

28. April 1789

Aus dem Logbuch des William Bligh

«Unser Proviant bestand aus 150 Pfund Brot, 16 Portionen Schweinefleisch, jeweils zwei Pfund schwer, sechs Quart Rum, sechs Flaschen Wein und 28 Gallonen Wasser; außerdem besaßen wir noch vier leere Fässer.»

Nach der Meuterei auf der Bounty segelt Bligh mit 15 Getreuen in einem sieben Meter langen Boot von der Vulkaninsel Tofua aus ins Ungewisse. Tofua ist übrigens ein Teil des heutigen Tonga.

Wer ist Käpt'n Iglo?

Der erste Darsteller von *Käpt'n Iglo* (in den USA *Captain Birdseye*) war John Hewer (Dienstzeit 1967–1998). Ihm folgte Thomas Pescod. Die deutsche Stimme ist übrigens Wolfgang Völz, der auch Käpt'n Blaubär spricht.

Das Ende eines schönen Mädchens

«Als wir zu den Feldern von Waikato herabstiegen, entdeckten unsere Leute ein Mädchen hinter Schilf versteckt. Also zerrten wir sie hervor, nackt wie sie war, und töteten sie. Sie wehrte sich nicht gegen die Schläge unserer Waffen, bedeckte vielmehr ihre Scham mit den Händen als Ersatz für den *maro* (Lendenschurz). ‹Dieses Volk fürchtet Schande mehr als den Tod›, dachte ich mir. Sie war *uri-ariki* (von vornehmer Abstammung) und ein *kotiro ata-ahua* (schönes Mädchen). Als sie tot war, nahm Tarau ihre Füße in die Hand und benutzte ihre Beine als Spazierstock. Der Ofen, in dem ihr restlicher Körper lag, wurde über Nacht abgedeckt, damit das Essen zart und mürbe wurde. Das Mädchen wurde lange Zeit gegart, so war sie richtig lecker.»
Bericht eines Maoris in *Mission in the Bay of Islands* von Marianne Williams

Die beste Fischsuppe der Welt

Für vier Personen

- 500 g weißer, fester Fisch ohne Haut (Schnapper, Meerbarbe, Kabeljau, Seebarsch)
- 3 TL Olivenöl
- 2 große Zwiebeln, in dünnen Scheiben
- 1 Lauch, nur das Weiße, klein geschnitten
- 4 Knoblauchzehen, gehackt
- 1 Lorbeerblatt
- 1 Prise Majoran
- 4 Safranfäden
- 1 TL geriebene Orangenschale, unbehandelt, nicht das Weiße
- 1 Schuss Weißwein
- 500 g Tomaten, geachtelt
- 1 rote Paprika, mundgerecht geschnitten, ohne Kerne, ohne Zellwände
- 2 EL Tomatenmark
- 125 ml Tomatenpüree
- 500 ml Fischfond
- 2 TL brauner Zucker
- 3 EL Petersilie, gehackt
- Salz und Pfeffer

Öl in einer schweren Pfanne leicht erhitzen. Zwiebeln, Lauch, Knoblauch, Lorbeer und Majoran zugeben und abgedeckt zehn Minuten garen, Pfanne etwas schwenken. Orangenschale, Wein, Paprika und Tomaten zugeben und weitere zehn Minuten garen. Tomatenmark und Püree, Fischfond, Zucker, Safran zugeben und unter Rühren zum Kochen bringen. Bei schwacher Hitze ohne Deckel fünfzehn Minuten köcheln lassen. Währenddessen den Fisch in mundgerechte Stücke schneiden und acht Minuten im Sud simmern. Salzen, pfeffern und die Hälfte der Petersilie einrühren. Lorbeer entfernen, die Suppe in Teller füllen und mit der übrigen Petersilie bestreuen. Dazu passen Weißbrot und Weißwein.

Länderspezifische Fischspezialitäten bei McDonald's

Ebi-Chiki ≈ Shrimps und Chicken Nugget-Burger, nur in Japan
Shrimp Burger ≈ Shrimps im Brötchen, nur in Korea
Fish McDipper ≈ Fisch-Nuggets, nur in Malaysia und Japan
McLobster ≈ Hummer-Burger, nur in Maine (USA) und an der kanadischen Ostküste

Kalorientabelle

Kalorien und Fett pro 100 Gramm

	kcal	(Fett)
Miesmuschel	50	(1)
Austern	70	(1)
Flunder	70	(1)
Tintenfisch	70	(1)
Kabeljau	74	(1)
Schleie	78	(1)
Schellfisch	78	(0)
Barsch	80	(1)
Steinbutt	80	(3)
Hecht	81	(1)
Hummer	82	(2)
Seelachs	83	(1)
Zander	85	(1)
Scholle	85	(1)
Seezunge	85	(2)
Languste	85	(1)
Steinbeißer	89	(2)
Seehecht	90	(2,5)
Garnelen	90	(1)
Schellfisch, geräuchert	92	(1)
Bachforelle	100	(3)
Heilbutt	100	(2)
Seelachs, geräuchert	100	(1)
Rot-Goldbarsch	104	(5)
Surimi (Krebsfleisch)	108	(0,3)
Karpfen	117	(5)
Sardine	125	(8)
Schillerlocke	154	(9)
Lachs, geräuchert	163	(7)
Hering in Tomatensauce	165	(11)
Salzhering	174	(14)
Makrele	181	(12)
Hering	195	(15)
Lachs	200	(15)
Brathering	205	(14)
Fischstäbchen	210	(11)
Ölsardinen	224	(11)
Bückling	225	(16)
Makrele, geräuchert	225	(13)
Thunfisch	230	(23)
Kaviar, Beluga	260	(16)
Bismarckhering in Mayonnaise	263	(23)
Aal	280	(24)
Tintenfisch, paniert	314	(18)
Aal, geräuchert	330	(26)
Stockfisch	350	(3)
Thunfisch in Öl	347	(31)

Seegetier mit Vitaminen

Anteil des Tagesbedarfs bei 100 Gramm

Vitamin A

Aal	110 %
Lebertran	2500 %
Thunfisch	50 %

Vitamin B_1

Flunder	15 %
Scholle	15 %

Vitamin B_2

Aal	19 %
Makrelen	21 %
Seelachs	21 %

Niacin (Vitamin B_3)

Lachs	42 %
Makrelen	42 %
Sardinen	54 %

Pantothensäure (Vitamin B_5)

Ostseehering	133 %

Vitamin D_2

Aal	230 %
Aal, geräuchert	1800 %
Bückling	620 %
Hering	620 %
Lachs	326 %
Lachs in Dosen	230 %
Sardinen	150 %

Vitamin E

Hering	120 %
Makrele	120 %

Wie man Hummer kocht

«Krusten- und Schalentiere, außer Austern, dürfen nur in stark kochendem Wasser getötet werden; das Wasser muss sie vollständig bedecken und nach ihrer Zugabe weiterhin stark kochen. Abweichend von Satz 1 dürfen

1. Taschenkrebse durch mechanische Zerstörung der beiden Hauptnervenzentren sowie
2. Schalentiere in über 100 Grad Celsius heißem Dampf getötet werden.»

Deutsche Tierschutzverordnung § 13, Absatz 8

Seegetier mit Mineralien

Anteil des Tagesbedarfs bei 100 Gramm

Eisen ≈ Austern 50 %
Fluor ≈ Lachs 58 % · Hering 35 % · Makrelen 35 % · Flundern 20 % Kabeljau 20 % · Aal 16 %
Jod ≈ Schellfisch 122 % · Seelachs 100 % · Garnelen 65 % Miesmuscheln 65 % · Kabeljau 60 % · Makrelen 37 % · Hering 26 % Heilbutt 26 % · Flundern 16 % · Lachs 16 % · Thunfisch 11 %
Kalium ≈ Stockfisch 75 % · Forelle 25 %
Kalzium ≈ Austern 8 %
Kupfer ≈ Austern 83 % · Hummer 23 % · Scholle 18 %
Magnesium ≈ Garnelen 20 % · Austern 10 %
Phosphor ≈ Lachs 20 % · Sardinen 20 % · Felchen 11 % · Seelachs 11 %
Zink ≈ Austern 1067 % · Garnelen 15 %

Wie man Hummer sonst noch killen kann

Legen Sie den Hummer in kaltes Salzwasser, am besten Meerwasser, und erhitzen Sie ihn langsam. Tipp: Algen zugeben, dann schmeckt der Hummer noch besser. Nach dem Kochen kurz abschrecken. ≈ Sie können den Hummer auch in sehr kaltes Wasser legen (zwei bis vier Grad Celsius). Wenn er ins Koma gefallen ist, rammen Sie ihm einen Eispickel durch die Brust in den Kopf. ≈ Auch in einer hoch konzentrierten Salzlösung (⅓ Salz, ⅔ Wasser) wird der Hummer bewusstlos. So merkt er vielleicht gar nicht, dass er anschließend in kochendes Wasser geworfen wird. ≈ Auch ein Messerstich zwischen die Augen und das Durchtrennen des Rückenmarks sollen einen schnellen Tod bewirken.

Der unwissende Spartaner

«Ein Spartaner wurde zu einem Bankett eingeladen, auf dem Seeigel serviert wurden. Er nahm einen. Er wusste nicht, wie man ihn isst, und achtete auch nicht darauf, wie ihn seine Nachbarn verspeisten. Also nahm er den Seeigel als Ganzes in den Mund, mit der Schale und allem, und brach ihn mit den Zähnen. Das kam ihm sauer auf, da er das harte Gehäuse nicht knacken konnte. Er sagte: ‹Verdammter Fisch! Ich werde jetzt nicht aufgeben, aber es wird der letzte sein, den ich esse!›» Diese Anekdote wurde von Athenaeus überliefert, einem Griechen aus Ägypten, der 200 vor Christus lebte und sie in seinem Buch *Deipnosophist und das Bankett der Gelehrten* für die Nachwelt festhielt. Deipnosophist ist ein gewandter Tischredner, und in den Dialogen geht es recht offenherzig zu: Neben Thunfischrezepten werden z. B. auch sexuelle Vorlieben der Götter, Halbgötter und Menschen abgehandelt.

Wie isst man eigentlich ...?

Aal ≈ Darf, ja muss mit normalem Messer zerteilt werden. Es sei denn, er ist gedünstet, dann benutzen Sie bitte das übliche Fischmesser.

Austern ≈ Mit Zitrone beträufeln – richtig frische Mollusken zucken noch! Mit der scharfen Seite der Austerngabel trennen Sie das Muschelfleisch von der Schale und schlürfen den Glibber. Sind Sie Feinschmecker, dann beißen Sie dabei zwei- bis dreimal zu. Oder Sie spießen das Fleisch auf und trinken den Saft hinterher.

Hummer und Langusten ≈ Werden halbiert serviert. Halten Sie das Krustentier am Schwanz fest und ziehen Sie das Fleisch mit einer Gabel heraus. Gourmets brechen die Scheren mit der Hummerzange in der Mitte auf und ziehen das Fleisch mit einer Gabel, zur Not mit den Fingern heraus. Das Fleisch wird dann mit dem Vorspeisenbesteck genommen.

Kaviar ≈ Direkt aus der Dose mit einem Perlmutt- oder Hornlöffel essen, Metalllöffel verderben den Geschmack. Russische Millionäre lassen sich den Kaviar gern auf den Handrücken auftun. Dazu Blinis, Toast oder Crème fraîche. Und nie, nie, niemals häufen Sie Kaviar auf Toastbrot!

Krebse ≈ Drehen Sie den Krebsschwanz aus dem Brustpanzer und knacken Sie die Scheren mit dem Krebsmesser (das ist das mit dem Loch in der Klinge). Stochern Sie das Fleisch mit der zweizinkigen Krebsgabel heraus. Essen Sie es mit der Fischgabel. Krebsessen bietet der feineren Gesellschaft die Gelegenheit, klassische Benimmregeln zu vergessen: mit Fingern und Zähnen den Panzer brechen, Fleisch und Saft lutschen und schlürfen. Servietten und Tischtuch sind bei solchen Anlässen rot, da sonst der Krebssaft etwas seltsame Flecken hinterlässt. Die Serviette bindet man sich dabei ausnahmsweise um den Hals.

Miesmuscheln ≈ Nehmen Sie eine offene, leere Muschel und kneifen Sie damit das Fleisch aus der nächsten. Für die erste Muschel nehmen Sie eine Gabel.

Sushi ≈ Sie haben die Wahl: Sushi können Sie mit der Hand oder mit Stäbchen essen, und zwar in einem Happs. Dippen Sie den Reis in die Sojasauce im Schälchen. Bei guten Sushis sollten Sie sowohl mit der Sojasauce als auch mit dem Wasabi, dem grünen Meerrettich, sparsam umgehen, sonst verliert der Fisch seinen Eigengeschmack. Beginnen Sie mit den weißen, weichen und milden Sushis, um dann zu den roten, dunklen und intensiveren überzugehen. Essen Sie zwischendurch Ingwerblättchen, um Ihre Geschmacksorgane etwas zu neutralisieren.

Haushaltstipps

≈ Bei Forelle oder Dorade sollten die Augen gewölbt sein und die Schuppen glänzen. Um sicherzugehen, dass der Fisch frisch ist, drücken Sie ihn mit dem Finger: Es darf keine Mulde zurückbleiben.

≈ Frischer Fisch sollte bei einer Temperatur von 0 bis 1 Grad Celsius gekühlt werden.

≈ Fisch bleibt länger frisch, wenn man ihn in mit Essig getränkte Tücher einschlägt.

≈ Fisch lässt sich leichter schuppen, wenn er zuvor erst in warmes und dann in kaltes Wasser getaucht wird.

≈ Tiefgefrorenen Fisch taut man im Kühlschrank auf. Wenn man ihn in Milch einlegt, verschwindet der Gefriergeschmack, und das Fischaroma verbessert sich. Außerdem wird der Fisch beim Braten zarter.

≈ Möchten Sie den Fisch im Ofen von allen Seiten gleichmäßig garen, dann geben Sie ihm eine mittelgroße Kartoffel in die Bauchhöhle, sodass er nicht umfallen kann.

≈ Fisch zerfällt beim Umwenden nicht, wenn man etwas Zitronensaft oder Salz an das Bratfett gibt.

≈ Streut man beim Braten von Forellen, Schollen oder Heringen etwas jodiertes Salz in die Pfanne, wird das Aroma intensiver.

≈ Wenn man Fischfilets mit einem Messer zweimal einritzt, rollen sie sich beim Braten nicht ein. In Öl oder Butter bei mittlerer Temperatur gebraten, bleibt der Fisch saftig.

≈ Um den Fischgeruch an den Händen loszuwerden, verreibt man etwas Marzipan zwischen den Handflächen und wäscht sich die Hände anschließend mit lauwarmem Wasser ab – das Marzipan nimmt den Fischgeruch.

≈ Eine Schüssel Essig neben dem Herd verhindert, dass sich der Fischgeruch im ganzen Haus verbreitet.

≈ Backen Sie nach der Fischzubereitung einen Kuchen – das hilft immer gegen intensive Gerüche (auch gut nach Malerarbeiten und Rohrbrüchen).

≈ Zitrone zum Fisch diente einst dazu, den Geruch alter Ware zu überdecken. Bei frischem Fisch ist das also nicht notwendig – zumal der Eigengeschmack der Zitrone oft stärker ist als der des Fisches.

Was schwimmt denn da auf meinem Teller?

Wolfsbarsch = Loupe de mer • Lotte = Angler = Seeteufel • Seewolf = Katfisch = Steinbeißer • Dorsch = Kabeljau • Seeschwalbe = Petermann = Knurrhahn • Krake = Polyp = Oktopus • Sepia = Tintenfisch = Calamaris • Garnelen = Shrimps = Crevettes = Gamberetti = Gambas = Scampis = Langoustines = Cigalas • Nordseekrabbe = Sandgarnele • Lump = Seehase • Seestör = Heringshai = Köhler = Seelachs = Blaufisch • Tilapia = Buntbarsch Felchen = Renken • Saibling = Rotforelle • Plötze = Rotauge = Rotfeder • Aalrutte = Trüsche = Quappe • Bacalao = Stockfisch • Goldbarsch = Rotbarsch • Grouper = Juwelen-Zackenbarsch • Kalbfisch = Heringshai Salm = Lachs

Achtung: Sardellen werden am Mittelmeer zwar *Anchois* genannt, sind aber keine *Anchovis!* Die werden aus Sprotten gemacht.

Chinesische Meeresgerichte

Bawang bieji ≈ Lebe wohl meine Konkubine
Bilü haizhongbao ≈ Jadegrüne Schätze des Meeres
Gangshi bifeng tangchao xie ≈ Vor dem Wind fliehende süß gebratene Krabben nach Hongkonger Art
Gongbao youyujuan ≈ Tintenfischröllchen nach Palastwächterart (mit Erdnüssen)
Lingnanfo tiao qiang ≈ Der kantonesische Buddha springt über die Mauer
Longfeng jixiang ≈ Drache und Phönix verheißen Glück
Meihua guiyu ≈ Pflaumenblütenlachs
Tianxiang baoyu ≈ Zum Himmel duftende Abalone
Xiangbo songshu guiyu ≈ Eichhörnchen-Mandarinfisch mit Ananas

Wie heißt die Miesmuschel eigentlich auf ...

Russisch ≈ Midija • Isländisch ≈ Kræklingur • Englisch ≈ Blue mussel, Common mussel • Norwegisch ≈ Blåskjell • Dänisch ≈ Blåmusling • Finnisch ≈ Sinisimpukka • Französisch ≈ Moule commune • Griechisch ≈ Mýdi • Holländisch ≈ Mossel • Spanisch ≈ Mejillón • Portugiesisch ≈ Mexilhão-vulgar • Serbokroatisch ≈ Dagnje • Italienisch ≈ Mitilo • Japanisch ≈ Murasakiigai • Polnisch ≈ Omułek • Schwedisch ≈ Blåmussla

Wie das Paradies nach Europa kam

Zucker ≈ Um 1100 entdeckten die ersten Kreuzfahrer aus Europa Zuckerrohrpflanzen in Tripoli im Libanon. In der Literatur wird Zucker erstmals 1205 von Wolfram von Eschenbach in *Parzival* erwähnt.

Kakao ≈ 1502 oder 1512 entdeckte Kolumbus Kakaopflanzen. Cortés brachte die Bohnen 1528 nach Spanien, und ab 1544 mischte man am spanischen Hof Zucker bei und trank den Kakao als heiße Schokolade. 1673 konnte man erstmals heiße Schokolade in einem öffentlichen Gasthaus trinken – in Bremen.

Kaffee ≈ 1475 eröffnete ein erstes Café in Konstantinopel, 1654 auch in Italien. 1683 zog Wien nach – während die Stadt von Türken belagert wurde.

Zimt ≈ wurde 1502 von Vasco da Gama nach Europa gebracht.

Tee ≈ Tee ist in Moskau seit 1618 erhältlich und seit 1650 in England. Aber erst 1835 wurde Tee erstmals außerhalb Chinas angebaut: in Indien.

Whiskey- und Rum-Straßen

Wegen ihrer hohen Kneipendichte erhielten einige Straßen den Whiskey-Spitznamen. Andere heißen wirklich Rum Street:

Whiskey-Straßen

≈ *Strönwai* (Kampen auf Sylt)
≈ *Östliche Tempel Straße* (Liuzhou, China)
≈ *Main Street* (Salt Lake City, Utah, USA)
≈ *Macdonnell Street* (Guelph, Ontario, Kanada)
≈ *4th Avenue South* Melrose, Minnesota, USA)

Rum-Straßen

≈ *Rum Street* (Dallas, Texas, USA)
≈ *Rum Jungle Street* (Badung, Indonesien)
≈ *Al Ql Rum Street* (Muscat, Oman)
≈ *Li-Rum Street* (Taipei, Taiwan)

30. April 1789

Aus dem Logbuch des William Bligh

»Wir versuchten in See zu stechen, aber Wind und Wetter waren zu ungünstig, sodass es gerade noch glückte, an Land zurückzukehren, nachdem ich etwas Brot und einen Esslöffel Rum verteilen ließ … Wir suchten den ganzen Tag, fanden aber nur neun Gallonen Wasser … Mittags gab es eine Unze Schwein, eine Kochbanane und ein halbes Glas Wein.«

Ein ziemlich fettes Krabbenbrötchen

18 Kilo Krabben und zwei Dinger aus Mehl, Wasser und Backpulver, die – jeweils zwei Meter im Durchmesser und 60 Zentimeter in der Höhe – wohl das Brötchen darstellen sollten, gelten als das größte Krabbenbrötchen der Welt. Behaupten jedenfalls die Veranstalter der Husumer Krabbentage 2006.

Kokoda

Für vier Personen

- 500 g weißer, fester Fisch
- 3 Zitronen
- 1 Tasse Kokosmilch
- 1 Zwiebel
- 1 Chili
- 2 Tomaten, in kleine Stücke geschnitten
- grüner Pfeffer
- Salz

Den rohen Fisch in mundgerechte Stücke schneiden und mit dem Zitronensaft im Kühlschrank marinieren, bis sein Fleisch milchig und opak geworden ist. Nicht zu lange im Kühlschrank lassen, sonst zerfällt der Fisch! Mit Kokosmilch und den restlichen, kleingeschnittenen Zutaten anmachen und servieren. Dieses Gericht, sprich: *Ko-Konda,* stammt von den Fidschi-Inseln. In Zitronensaft marinierten rohen Fisch gibt es jedoch an vielen Küsten. Auf den Philippinen wird für *Kilaw* der marinierte Fisch in grünem Salat mit Knoblauch, Kurkuma, Koriander und Ingwer angemacht. Bei hawaiianischem *Poke* gibt es Schalotten, Frühlingszwiebeln und geröstete Sesamsamen dazu. Die Ecuadorianer schütten den Zitronensaft weg und machen ihre *Sevice* mit Orangensaft, Zwiebeln, Knoblauch, Olivenöl und Salz und Pfeffer an. *Koy pa,* die kambodschanische Variante, wird mit zarten rohen Bohnen, Frühlingszwiebeln, Chili, Knoblauch und Fischsauce angemacht. In Kenia gießt man für *Tilapia masala* eine heiße Sauce aus Zwiebeln, Tomaten, Knoblauch, Chili, Garam Masala, Kumin und rotem Pfeffer über den Tilapia.

Strandgut

≈ Sylt, 16. März 2007 – eine Schulklasse findet 25 Kilo Kokain.
≈ Floridana Beach, Florida, 11. Dezember 2006 – zwei Spaziergänger finden 37 Kilo Kokain.
≈ East End, Cayman Inseln, 2. Mai 2006 – die Polizei sammelt fünf Kilo Kokain ein.
≈ Pirates' Beach, Galveston, Texas, 7. April 2006 – ein Polizist außer Dienst findet ein Kilo Kokain.
≈ Basil Jones Beach, Belize, 9. Februar 1997 – ein Marinebiologe findet 113 Kilo Kokain.
≈ Zwischen Arcachon (Frankreich) und Bilbao (Spanien) wurden seit Januar 2006 bisher mehr als fünf Tonnen Kokain angeschwemmt.
≈ Etwas ganz Besonderes ist aber der Strand von Puerto Capezas in Nicaragua: Hier kann man annähernd täglich ein Kokainbeutelchen finden.

Möwenwein

Stecken Sie die Möwe in die Flasche und füllen Sie die Flasche mit Meerwasser. Verschließen Sie die Flasche gut und legen Sie sie ins pralle Sonnenlicht. Warten Sie, bis die Möwe fermentiert ist. Ein echter Gute-Laune-Drink für jedes Iglu.

Fischdiät – verstreute Wahrheiten

≈ Der moderne Mensch konnte sich im Gegensatz zu den Neandertalern durchsetzen, weil er auch Fisch aß und sich damit besser an unterschiedliche Lebensbedingungen anpassen konnte – so britische Wissenschaftler.

≈ Laut amerikanischen Wissenschaftlern enthält Fisch mehr Omega-3-Fettsäure als Olivenöl.

≈ Omega-3-Fettsäuren vermindern Blutdruck und koronare Herzkrankheiten, lautet das Ergebnis einer Berliner Studie nach einer Zwei-Wochen-Fischdiät.

≈ Aus Schweden stammt die Meldung, dass fettreicher Fisch das Prostatakrebsrisiko verringert.

≈ Die Zeitschrift *Archives of Neurology* berichtet, dass Fischkonsum gut gegen Alzheimer ist.

≈ Gemäß einer amerikanischen Studie an afrikanischen Stämmen vermindert hoher Fischkonsum den Appetit.

≈ Föten wachsen schneller, wenn die Schwangere viel Fisch isst – sagt eine britische Untersuchung.

≈ Und schließlich kommen Babys von fischessenden Müttern – einer Untersuchung auf den Seychellen zufolge – mit einem höheren Quecksilberanteil im Blut auf die Welt.

Lecker verrotteter Fisch

Einen Grönlandhai ausnehmen, waschen und in Portionen zu ein bis drei Pfund zerlegen. In Kies eingraben, mit einer Felsplatte beschweren und nach sechs bis acht Wochen (im Sommer) oder drei Monaten (im Winter) wieder ausgraben und für vier Monate zum Trocknen aufhängen. Die braune Kruste wegschneiden, das weiße Fleisch mit Schnaps servieren. Heute wird *Hákarl,* die Nationalspeise Islands, in Plastikcontainern hergestellt. Vorsicht, frischer Grönlandhai ist – bis auf Flossen, Haut und Leber – giftig! Weil er keine Nieren hat, riecht er stark nach Amoniak. Ähnlich, aber mit nur vier Wochen Fermentierung etwas weniger zeitaufwändig, ist die Zubereitung des *Gammelrochens,* der in Island zu Weihnachten gegessen wird. Der japanische *Funazushi*, ein Verwandter des Karpfens, wird erst ein Jahr in Salzlake und dann vier Jahre in Reis fermentiert. Auch beim schwedischen *Surströmming* nutzt man die natürliche Gärung: Die im Frühjahr gefangenen Ostseeheringe werden enthauptet, stark gesalzen und in Holzfässern vergoren. Danach werden sie in Konservendosen gefüllt. Erst wenn sich das Blech durch die Verrottungsgase ausbeult, kommen sie in den Handel und werden – traditionell ab dem dritten Donnerstag im August – verkauft. Die Dosen sind so explosiv, dass sie nicht in Flugzeugen transportiert werden dürfen. Ganz ähnlich wird in Thailand *Pla Raa* hergestellt – zu Deutsch *verrotteter Fisch*.

Champagner im Wrack

Eine Flasche *Heidsieck Monopole Goût Américain* Jahrgang 1907 aus dem Wrack des 1916 von deutschen U-Booten versenkten schwedischen Schoners *Jönköping* wurde 1998 bei Christies für 4068 Dollar versteigert. Insgesamt 3000 Flaschen lagerten achtzig Jahre in einer Tiefe von 61 Metern auf dem Meeresboden bei einer konstanten Temperatur von rund 4,5 Grad Celsius. Der Zuckergehalt war mit 42,55 g/l so hoch wie erwartet, der Alkoholgehalt betrug 12,35 %. Rund 2000 Flaschen wurden von der Firma *Caviar House* aufgekauft. Noch heute sind einige davon im Handel.

Das letzte Menü auf der Titanic

Am 14. April 1912 gab es in der Ersten Klasse:

Horsd'œuvre
Canapés nach Admiral's Art
Austern nach russischer Art

Suppe
Kraftbrühe Olga

Fischgang
Pochierter Lachs mit Sauce Mousseline

Entrees
Feine Scheiben von der Kalbsfiletspitze «Lili»
Hähnchenbrust «Lyonnaise»

Fünfter Gang
Dreierlei aus Rinderfilet, Lamm und Flugentenbrust
Waldpilz-, Mint-, Calvados-Apfel-Sauce
Neue Kartoffeln, Dampfreis, Butterkartoffeln und Minterbsen

Sechster Gang
Punch Romaine
Zitronensorbet in Rotweinpunsch mit Champagner

Siebter Gang
Gebratenes Rebhuhn auf Madeira-Bohnen
und Kresse

Achter Gang
Spargelsalat in Champagner-Safran-Vinaigrette

Neunter Gang
Getrüffelte Leberpastete auf Waldorfsalat

Zehnter Gang
Schokoladen-Eclairs mit französischer Vanillecreme
Vanilleeis und Chartreuse-Pfirsich

Dessert
Auswahl von frischem Obst und Käse

After Dinner
(nicht im Menüpreis enthalten)
Kaffee und Zigarren in der Raucherlounge (Bar)

Aktuelle Weinkarte der Queen Mary

pro Flasche

Rotwein

Le Caprice Cabernet Sauvignon, Frankreich (Hauswein) . . . . . . £ 6,50
Hardys «The Riddle» Shiraz Cabernet, Australien . . . . £ 8,95
Chateau Julian, Bordeaux . . . . £ 9,95
Rioja Crianza Tinto, Bodegas Marqués de Muclela . . . . £ 12,25
Merlot – Cabernet delle Venezia Luna di Luna, Ca' Montini, Italien £ 14,95

Weißwein

Le Caprice Sauvignon Blanc, Frankreich (Hauswein) . . . . £ 6,50
3 Hardys «The Riddle» Colombard, Chardonnay, Australien . . . . £ 8,45
Pinot Grigio del Veneto «Vita», Italien . . . . £ 9,50
Kleine Zalze Bush Vines Chenin Blanc, Stellenbosch, Südafrika . £ 10,40
Veramonte Sauvignon Blanc, Winemaker's Selection,
Casablanca Valley, Chile . . . . £ 10,95
Petit Chablis, J. Moreau et Fils, Frankreich . . . . £ 16,50

Captain's Dinner

Im 19. Jahrhundert waren Auswanderer angehalten, sich auf der Überfahrt nach Amerika selbst zu verpflegen. In Notfällen (wenn eine Fahrt länger dauerte als im Fahrplan vorgesehen oder Lebensmittel verdorben waren) teilte der Kapitän zusätzlichen Proviant aus – das sogenannte *Captain's Dinner.*

Heute ist das *Captain's Dinner* ein gastronomisches und gesellschaftliches Ereignis und findet meist zu Beginn einer Kreuzfahrt statt. Einladungen sind begehrt und nur schwer zu bekommen. Es hilft, wenn man in der Eignerkabine logiert, berühmt, reich oder eine sehr gut aussehende Frau ist, wie etwa Kim Novak, Scarlett Johansen oder Angelina Jolie.

Proviantliste eines britischen Segelschiffs im 17. Jahrhundert

Berechnet für 190 Mann und drei Monate

8500	Pfund gesalzenes Rindfleisch
3000	Pfund gesalzenes Schweinefleisch
660	Pfund Kabeljau
20 000	Scheiben brauner und weißer Zwieback
30	Scheffel (1165 Liter) Hafermehl
40	Scheffel (1553 Liter) getrocknete Erbsen
1	Fass (119 Liter) Mehl
11	kleine Fässer Butter
500	Hektoliter Bier
2	Fässer Apfelwein

1. Mai 1789

Aus dem Logbuch des William Bligh

«Von den Einheimischen erhielten wir einen kleinen Vorrat. Doch ich beschloss, jedem zu Mittag nur eine Unze Schwein, ein Viertel Brotfrucht und ein Viertel Quart Wasser zuzugestehen. Abends gab es ein Viertel Brotfrucht und eine Kokosnuss.»

Die beliebtesten Fische auf deutschen Tellern

Laut Fisch-Informationszentrum e.V., Stand 2005

1. Alaska-Seelachs
2. Hering
3. Lachs
4. Thunfisch

Frostige Fische

Fische, Krusten- und Weichtiere aus dem Tiefkühlfach, Verbrauch in Deutschland (in Tonnen) laut Deutschem Tiefkühlinstitut

1995 ≈ 167 475
2005 ≈ 274 600

Schlemmerfilet, Fischstäbchen und Schollenfilet

Verbrauch von Tiefkühlkost 2004 in Deutschland (in Tonnen) laut Deutschem Tiefkühlinstitut

Fischfilet natur ≈ 60 362 · Fischfertiggerichte ≈ 43 846 · Panierter Fisch ≈ 77 737

Fischstäbchen ≈ 47 186* · Garnelen, Tintenfisch, Forellen, der Rest ≈ 33 470

* Das sind rund 20 Stück pro Kopf!

Pro-Kopf-Verbrauch von Fisch in Kilo pro Jahr

In den Jahren 1995 bis 1997 laut Welternährungsorganisation FAO

Mongolei 0,1
Deutschland 14
Japan 66
Island 91
Tokelau 152
weltweit 16

Toast Hawaii

- 1 Scheibe Toast
- 1 Scheibe Hinterschinken
- 1 Ananasring aus der Dose
- 1 Scheibe Scheiblettenkäse
- 1 Löffel Preiselbeeren (für die De-luxe-Version)

Backofen auf 180 Grad vorheizen. Schinken, Ananasring und Käsescheibe auf die Toastscheibe stapeln und auf der mittleren Schiene ungefähr zehn Minuten backen. Zum Abschluss obenauf einen Klacks Preiselbeeren geben.

Dazu passende Partyhighlights: Eierlikör, Fliegenpilze (hartgekochte Eier in Tomaten stecken, Tomate mit Mayo betüpfeln), Käseigel (dazu spießt man Goudastückchen, Cocktailtomaten, Weintrauben und Cornichons auf Zahnstocher, die man wiederum in eine Orange steckt). Statt Käseigel geht auch die Fleischvariante, der leckere Mettigel – das ist mit Salz, Pfeffer und Eigelb angemachtes Hackfleisch, in dem Salzstangen stecken.

Der Toast Hawaii wurde in Deutschland erfunden. Und zwar im Fernsehen: Clemens Wilmenrod, der erste deutsche Fernsehkoch, kreierte das Gericht erstmals 1955. Und erschoss sich 1967, da er an einer unheilbaren Krankheit litt – ausgerechnet an Magenkrebs.

Hummerpreise global

Hummerkrabbenpfanne (mit Oliven, Knoblauch und Baguette, scharf), *Bunte Kuh,* Helgoland . . . . € 15,50

Gegrillter Hummer, *Esplanada Mateus,* S. Maria, Ilha do Sal, Kapverden . . . . € 18

Gegrillter Hummer, *Island Thyme Bistro,* Salt Cay, Turks and Caicos Island . . . . . . € 27

Gegrillter Hummer (als Vorspeise), *The Green Parrot,* Nassau, Bahamas . . . . € 17

Gegrillter Hummer, *Tamnak Thai Restaurant,* Port of Spain, Trinidad . . . . € 24

Gegrillter Hummer (mit orientalischem Salat und Risotto), *Hotel Reykjavík Centrum,* Reykjavík. . . . . € 61

Gegrillter Hummer (mit Gemüse und Tonb-Katzu-Sauce), *Restaurant NKong,* Moskau . . . . € 52

Hummerpreise historisch

Per Pound (450 Gramm) in den Restaurants von San Francisco (Preisangaben inflationsbereinigt)

1850	3,50 $	1940	8–14 $
1875	5 $	1958	10–15 $
1885	7 $	1968	22–32 $
1900	6–16 $	1980	24–28 $
1910	8–24 $	2000	19–23 $
1920	9–16 $	2006	25 $
1930	8–23 $		

«Ein Mann, der, um dem Hungertod zu entgehen, jemanden tötet, um sein Fleisch zu essen, ist des Mordes schuldig; auch wenn er sich zum Zeitpunkt der Tat in einer Lage befand, dass er glaubt und zu Recht glaubt, dies sei seine einzige Möglichkeit, zu überleben. Beim Gerichtsverfahren wurde festgestellt, dass die Gefangenen D. und S., Seeleute, und der Verstorbene, ein Junge zwischen siebzehn und achtzehn, in einem Sturm in einem offenen Boot auf hoher See abgetrieben wurden, vermutlich mehr als 1000 Meilen vom Land entfernt; dass am achtzehnten Tag, nachdem sie sieben Tage ohne Essen und Wasser verbracht hatten, D. dem S. vorschlug, auszuwürfeln, wer getötet werden solle, um die anderen zu retten; und sie anschließend überlegten, den Jungen zu töten, um ihr Leben zu bewahren; dass am zwanzigsten Tag der D., mit Hilfe des S., den Jungen tötete und sie sich vier Tage lang von seinem Fleisch nährten; dass zum Zeitpunkt der Tat kein Segel oder sonstiges Zeichen für eine Rettung zu sehen war und es den Gefangenen erscheinen musste, dass sie den Jungen essen mussten, um zu überleben.
Doch trotz all dieser Tatsachen gab es keinen Beweis einer derartigen Notwendigkeit, die das Töten des Jungen rechtfertigte, und sie haben sich des Mordes schuldig gemacht.»

Der dem oben zitierten Gerichtsurteil von 1884 zugrunde liegende Fall wird heute in jedem britischen und amerikanischen Grundstudium der Rechtswissenschaft verhandelt. Die beiden Überlebenden der Yacht *Mignonette* wurden noch im selben Jahr in London wegen Mordes zum Tode verurteilt, doch Queen Victoria wandelte die Strafe in sechs Monate Haft um.

Mumienhandel

Mum oder *mom* heißt auf Persisch Wachs. Aus dem Persischen gelangte das Wort ins Arabische, teilte seine Bedeutung und bezeichnete sowohl Erdwachs, also Asphalt (daher auch der Begriff Bitumen), als auch konservierte Leichen. Letzteres vermutlich deshalb, weil die Araber glaubten, die Leichen der alten Ägypter seien mit Asphalt konserviert worden. Seit dem Mittelalter wurde in Europa *Mumia* als Medikament verwendet. Natürliches Mumia war Asphalt, künstliches Mumia bestand aus zerstoßenen Mumien. Das Mittel wurde eingesetzt gegen Gebärmutterabsenkung, Blutgerinnsel, Epilepsie, Rheuma, Zahnschmerzen, Darmerkrankungen, Lungenleiden, Haarausfall, Knochenbruch und Auszehrung – es hielt ja Körper für sehr, sehr lange Zeit in gutem Zustand. Natriumbituminosulfonat und Ammoniumbituminosulfat (achten Sie auf das Bitum[en] in der Mitte der Wörter) werden heute noch verschrieben, leider nicht unter dem Begriff *Mumia vera*. In Bayern und Österreich war Mumienpulver nachweislich bis 1834 verbreitet. Und noch in den 70er-Jahren des letzten Jahrhunderts soll eine «Hexe» in New York eine Mumie für medizinische Zwecke erworben haben.

Mumienpreise

Mumia war teuer, denn die Araber versteckten ihre Vorfahren, damit diese von den Europäern nicht zu Medizin verarbeitet wurden ...

1566 ≈ war eine vollständige ägyptische Mumie für 10 Écu erhältlich (französische Silbertaler).

1791 ≈ kostete eine Unze *Mumia*, knapp 30 Gramm, 1000 Taler.

1924 ≈ verlangte die Firma *Merck* für ein Kilo *Mumia Vera Aegyptica* 12 Goldmark.

Mumienrezept

«Kümmel und Hortensie zu gleichen Teilen 2 Drachmen. Überseeische Mumia und Opium thebaicum zu gleichen Teilen 1 Drachme. Blüten von wildem Mohn und orientalischer Safran zu gleichen Teilen ein Scripulum. Styrax, Galmei und echtes Bibergeil zu gleichen Teilen ein Scripulum. Mische und mache daraus ein Pulver, das mit Honig zur Einnahme verordnet wird. Anwendung bei Epilepsie, Schlaganfall, Schwindel, Schlafsucht, Katalepsie, Stupor usw.»

Aus einem Rezept des Arztes Adrian von Mynsicht aus Braunschweig (1603–1638). Styrax ist ein mediterranes Baumharz, Galmei ein Stiefmütterchen, Bibergeil das Drüsensekret des Bibers. Drei Scripulum ergeben eine Drachme, das sind 3,408 Gramm. Vielleicht hilft es ja doch ...

Die Rum-Liste

Von leicht bis hochprozentig

- Puerto Rico (Weltmarktführer)
- Trinidad
- Amerikanische Jungfraueninseln
- Grenada
- St. Vincent
- Kuba
- Guatemala (*Ron Zacapa* gilt als der beste Rum der Welt)
- Jamaika
- Venezuela
- Barbados
- Guyana

Schiffszwieback

Wasser und Mehl werden vermischt und gebacken, zerbröselt und erneut gebacken: *bis coctus* (zweimal gebacken) nannten die Römer ihr *panis nauticus* – aus *bis coctus* wurde *Biskuit*. Schiffszwieback ist annähernd unbegrenzt haltbar, wenn er nicht von Salzwasser, Mäusen oder Maden angeknabbert wird. Um Schiffszwieback zu essen, müssen Sie ihn allerdings erst einmal einweichen – sonst verlieren Sie Ihre Zähne.

Platterbse, Olivenöl und Hamburger

Am 17. Januar 1929 setzt der Comiczeichner Elzie Crisler Segar einen rauflustigen Seemann in die Welt: Popeye, der Dauerverlobte von Olivia Öl. Popeyes bester Freund ist Wimpy, der unersättlich Hamburger futtert. Gemeinsam mit der Öl-Familie (Nana Öl, Onkel Schmier, Kastor Öl) bestehen Popeye und Wimpy allerlei Abenteuer. Irgendwann adoptiert Popeye einen kleinen Schreihals (wie bei den Ducks aus Entenhausen gibt es auch bei Popeye nur Junggesellen und Onkel). Der Adoptivsohn heißt Swee'pea, eine Mischung aus *weepy* (Heulsuse) und *sweatpea* (Platterbse).
Übrigens: In der wirklichen Welt wurde eine Hamburger-Kette nach Popeyes Freund Wimpy benannt, die allerdings nach dem Tod ihres Gründers 1978 geschlossen wurde.

Popeye-Statuen, errichtet von Spinatbauern in tiefer Dankbarkeit

Cristal City, Texas
Chester, Illinois
Alma, Arkansas
Universal Orlando Resort, Florida

Wie Popeye zum Spinat kam

Popeyes griechischer Vorfahre Herkules schnupfte ursprünglich Knoblauch, der ihm übermenschliche Kräfte verlieh. Doch auch der böse Brutus genehmigte sich eine Nase und vermöbelte Herkules nach allen Regeln der Kunst, bis Herkules mit dem Gesicht nach unten in einem Spinatfeld landete – und so, den Mund voller Grünzeug, die Kraftdes Spinats entdeckte!

Aus dem Popeye-Film Greek Mirthology *(1954)*

2. Mai 1789

Aus dem Logbuch des William Bligh

«Der
Strand
war voller
Einheimischer. Wir
hörten, wie sie Steine mit den
Händen zusammen- schlugen.
Das war ein Zeichen für ei- nen bevor-
stehenden Angriff. Zu Mittag ließ ich eine
Brotfrucht und eine Kokosnuss ser- vieren ... Wir
setzten Segel ... und ich teilte meiner Mannschaft mit,
dass wir erst in Osttimor, 1200 Meilen weit, auf Rettung hoffen

konnten ... Wir beschlossen, von einer Unze Zwieback und einem Pint Wasser am Tag zu leben. Unser Vorrat belief sich auf hundertfünfzig Pfund Brot, achtundzwanzig Gallonen Wasser, zwanzig Pfund Schinken, drei Flaschen Wein und fünf Quart Rum. Den Rest hatten wir im Durcheinander von Angriff und Flucht verloren. Außerdem hatten wir noch ein paar Kokosnüsse und etwas Brotfrucht, die aber zertrampelt war.»

Labskaus

Für vier Personen

800 g	Rindfleisch (gepökelte Hohe Rippe), ersatzweise Corned Beef	4	Eier
1 kg	Kartoffeln	1 Glas	Gewürzgurken
1	großes Glas Rote Bete	1 EL	Schweineschmalz
4	Matjes	1 EL	Butter
4	Rollmöpse		Lorbeerblatt
4	Zwiebeln		Pfeffer
			Petersilie

Fleisch waschen, in einen Topf geben und Wasser angießen, bis das Fleisch gerade bedeckt ist. Lorbeerblatt und Pfefferkörner zufügen, aufkochen. Bei schwacher Hitze zugedeckt rund 1 ½ Stunden garen. Kartoffeln weich kochen, pellen und noch heiß zerstampfen. Zwiebeln schälen und durch die grobe Scheibe des Fleischwolfs drehen oder mit der Reibe raspeln (Taucherbrille gegen Tränen). Schmalz in einer Pfanne erhitzen und die Zwiebeln glasig dünsten. Fleisch aus der Brühe nehmen oder das Corned Beef holen. Mit sechs Gurken, Matjes und der Roten Bete durch einen Fleischwolf drehen oder im Mixer pürieren. Zwiebeln und Kartoffeln einrühren. Ist die Masse zu fest, heiße Fleischbrühe unterrühren. Mit Pfeffer abschmecken. Spiegeleier braten. Labskaus mit je einem Spiegelei und einem Rollmops auf Tellern anrichten. Mit den übrigen Gewürzgurken und der Petersilie garnieren.

Der leckerste Fisch aus …

Thailand (Issan) ≈ Salzfisch
Spanien (Asturien) ≈ Kokotxas, die Kiemenbacken des Seehechts
Japan ≈ Lunge des Fugu
Frankreich ≈ Rückenfilet vom Seeteufel
Kanada ≈ Königslachs (Chinnok)
Barbados ≈ Fliegender Fisch
Ghana ≈ Fish Yassa
Deutschland (Friedrichskoog) ≈ Krabbenbrötchen (Krabben sind zwar keine Fische, aber trotzdem lecker)

Ciguatera – die beste aller Fischvergiftungen

Weltweit treten jährlich etwa 50000 Ciguatera-Vergiftungen auf. Das kommt davon, wenn man Doktorfische, Barracudas, Zackenbarsche, Lippfische, Muränen, Papageifische, Stachelmakrelen, Schnapper, Thunfisch, Bonitos und Makrelen aus tropischen Gewässern isst. Die aufgezählten Raub- und Rifffische nehmen nämlich toxische Einzeller auf. «Chemiker sind von diesem Naturstoff begeistert», schreibt der ebenfalls begeisterte Apotheker Dr. Bernhard Peter auf seiner Website, «weil seine Struktur 13 verschiedene Ringe aufweist, wobei vom Fünfring bis zum Neunring alles vertreten ist und weil das Gift zusätzlich ein Polyether mit mehr als 28 Stereozentren und mit einer seltenen sogenannten Spiro-Verbindung ist.» Wow! Das soll einmal einer nachmachen! Eine Wahnsinns-Syntheseleistung für einen ‹primitiven› Dinoflagellaten. *Ein Gegengift gibt es nicht. Also Magen auspumpen, erbrechen, Abführmittel schlucken und beten.*

Die besten Fischmärkte der USA

Stand 2006 (laut CNN)

1. Pike Place Fish Market, Seattle, Washington
2. Browne Trading Company, Portland, Maine
3. Joe Patti's Seafood Co., Pensacola, Florida
4. Lexington Market, Baltimore, Maryland
5. Sun Fat Seafood Co., San Francisco, Kalifornien
6. Keys Fisheries Market and Marina, Marathon, Florida
7. Fisherman's Express, Anchorage, Alaska
8. B & A Seafood, Port Isabel, Texas
9. Lighthouse Deli & Fish Company, South Beach, Oregon
10. Empire Fish, Milwaukee, Wisconsin

5. Mai 1789

Aus dem Logbuch des William Bligh

«Heute erlaubten wir uns ein Viertelpint Kokosmilch und zwei Unzen Schinken ... Zu unserer großen Freude fingen wir einen Fisch. Aber wir verloren ihn, bevor wir ihn an Bord gezogen hatten.»

Die besten Chinarestaurants mit Michelin-Sternen

Hakkasan	*Sichuan Food*	*Chen*
London	Amsterdam	Paris
8 Hanway Place	Reguliersdwarsstraat 35	15 Rue du Théatre
Tel. +44 2079 27 70 00	Tel. +31 206 26 93 27	Tel. +33 145 79 34 34

Die besten Küchenmesser

Laut Masayoshi «Masa» Takayama, dem Betreiber des teuersten Restaurants Masa in New York

Shun Classic (Japan) · Misono Ux 10 (Japan) · Korin Vg Silver (Japan)
Mac Superior (Japan) · Wüsthof (Solingen) · Global G 7 (Japan)
Oxo Good Grips Pro (Japan) · Wolfgang Puck Hohlschliff (USA)
Zwilling J. A. Henckels Twin Cuisine Santokumesser (Solingen)

Die besten Matjes in deutschen Supermärkten

Laut Stiftung Warentest 2006

Woldemar   Friesenkrone

Wer hat's erfunden?

Matjes ≈ Im Juni 1395 schnitt der erfahrene Fischer Jan Pieter Beukelzoon aus Biervliet jungen, weiblichen Heringen (Mädchen = Meisjes = Matjes) mit einem Messer den Kiemenbogen auf (sogenanntes Kehlen), entfernte die Innereien bis auf die Bauchspeicheldrüse und legte die Heringe in Salz ein. Die Enzyme in der Bauchspeicheldrüse ließen den ausgebluteten Fisch reifen.

Pizza ≈ Um 1490 wurde in Genua der erste Teig auf einem Blech gebacken – noch ganz ohne Tomaten, nur mit Zwiebeln, Käse und Oliven. Um 1730 wurde die erste *Marinara* aus dem Ofen gezogen. Die klassische *Napoli,* rund und aus Hefeteig, der vom Bäcker belegt wird, wurde 1830 in der noch heute existierenden Pizzeria *Port 'Alba* in Neapel geboren. Die patriotisch grün-weiß-rote *Margherita* (Basilikum, Mozzarella, Tomaten) wurde erstmals am 11. Juni 1889 serviert. Der Kunde war König: König Umberto.

Fischstäbchen ≈ Kinder mögen oft keinen Fisch, obwohl er gesund ist. Clarence Birdseye hatte daher die geniale Idee, ihn in Riegel geschnitten und grätenlos unter einer Panade zu verstecken. Der Trick funktioniert seit 1955.

Wie der Hering ein Bismarck wurde

Fischhändler Christian Friedrich Wiechmann aus Stralsund schickte 1871 Otto von Bismarck ein Fass entgräteter Ostseeheringe in saurem Sud mit der Bitte, diese nach dem Reichskanzler benennen zu dürfen. Bismarck dankte und willigte ein.

Etwa um dieselbe Zeit wurden die Fleischlappen des Dornhais *Schillerlocken* benannt. Sie ähnelten der Haartracht des Dichters, und es klang auch elegant.

Angeblich wünschte sich Leopold Ziegenbein, Kapitän der *Bremen,* ein besonderes Gericht, um im Jahr 1929 seine Rekordfahrt über den Atlantik zu feiern. Da der Schiffskoch Schweizer war, gab es etwas mit Käse, und da Ziegenbein das *Blaue Band* gewonnen hatte, wurde das Gericht kurzerhand *Cordon Bleu* genannt.

Notproviant in Rettungsbooten

Gemäß dem *Life Saving Appliance Code,* dem internationalen Regelwerk zur Rettungsausrüstung auf Seehandelsschiffen

10 000 Kilojoule pro Person (2388 kcal) + 1½ Liter Wasser pro Person

Gefilte Fisch

Für sechs Personen

1½ kg Fischfilet von Kabeljau, Weißfisch, Schnapper, Zander oder Karpfen
1½ l Fischfond
2 Zwiebeln
1 Karotte
3 Eier
60 g Matzenmehl, fein (oder normales Mehl)
Petersilie, Muskat, Salz, Pfeffer
Zitronenscheiben zum Garnieren

Zwiebeln im Mixer pürieren, Fischfilet, Eier, Pfeffer, Salz und eine Messerspitze Muskat hinzufügen und weiter pürieren. Mehl unterrühren und nach und nach etwa 60 Milliliter Wasser zugießen. Der Teig sollte locker und klebrig sein und seine Form behalten. Abgedeckt eine halbe Stunde in den Kühlschrank stellen. Dann aus dem Teig kleine Klößchen formen und auf eine feuchte Platte legen. Fischfond aufkochen. Karotte in Scheiben schneiden und hineingeben. Hitze reduzieren und vorsichtig die Fischklößchen einlegen. Eine Stunde sieden, aber nicht kochen. Vom Herd nehmen und die Klößchen in der Brühe abkühlen lassen. Klößchen mit einer Schaumkelle auf eine Servierplatte füllen, mit Karottenscheiben garnieren. Einen Teil der Brühe über die Klößchen gießen, sodass sie zur Hälfte in der Flüssigkeit stehen. Etwa vier Stunden oder auch über Nacht in den Kühlschrank stellen und dann mit Petersilie und Zitronenscheiben garnieren. Dazu passt Meerrettichsauce mit roten Rüben: Meerrettich pürieren, gekochte und geschälte Rüben reinraspeln, mit braunem Zucker und Essig abschmecken.

FishMac

410 Kalorien
20,9 g Fett ≈ 8 g Zucker
40 mg Cholesterin
0 mg Vitamin C

Zu spät!

Charles-Frederic Vatel war der berühmteste Koch des 17. Jahrhunderts. Sein Festmahl für Nicolas Fouquet, Finanzminister unter Ludwig XIV. und reichster Mann Frankreichs, führte zu dessen Sturz – es war einfach *zu* luxuriös. Vatel, der als Deutschschweizer eigentlich Fritz-Karl Watel hieß, erfand auch die *Creme Chantilly* (Crème fraîche, Zucker und Vanille). Am Ende beging er Selbstmord, nachdem bei einem königlichen Festmahl der Fisch zu spät angeliefert worden war.

«Mais voici ce que j'apprends en entrant ici, dont je ne puis me remettre, et qui fait que je ne sais plus ce que je vous mande: c'est qu'enfin Vatel, le grand Vatel, maître d'hôtel de Monsieur Fouquet, qui l'était présentement de Monsieur le Prince, s'est poignardé.»

So lobte Madame de Sévigné das Pflichtbewusstsein des Meisterkochs, der aus einer Katastrophe wie einem zu spät gelieferten Fisch vorbildlich die Konsequenzen zog.

Möweneier

Die Stranddelikatesse ist seit 1989 verboten: Da Möwen gern von offenen Mülldeponien naschen, sind ihre Eier zu stark mit Quecksilber und PCBs belastet.

«Ein Möwenei im Monat Mai
schmeckt gut, doch besser zwei bis drei;
auch setze man die Möweneier
in kaltem Wasser auf das Feuer;
denn wirft man sie mit einem Male
in heißes Wasser, platzt die Schale.
Dann koche man sie eine runde
und vollgezählte Viertelstunde.
Dann werden sie erst richtig hart.
Und wenn man nicht mit Butter spart –
so etwa auf ein Ei ein Lot –
und dazu frisches, grobes Brot
genießt, ein Schnäpslein hintendrein,
dann schmecken sie ganz extra fein.»

Theodor Böttiger

Sail away

Die Interpreten der Beck's-Hymne:

1991 ≈ *Hans Hartz,* Husumer Liedermacher – seine Version verkaufte sich 1,6 Millionen Mal. Er starb 2002 an Lungenkrebs.

1995 ≈ *Joe Cocker,* britische Blues-Legende, Durchbruch in Woodstock, sechs Monate jünger als Hans Hartz

2001 ≈ *Ayak*

2004 ≈ die beliebte holländische Gruppe *16 down*

Alexander von Humboldt

Das Schiff aus der Beck's-Werbung lief 1906 in Bremen als Feuerschiff *Reserve Sonderburg* vom Stapel und wurde 1920 in *Reserve Holtenau* umbenannt, da die Stadt Sonderburg dänisch geworden war. 1945 hieß es dann *Kiel (III),* kollidierte 1957 und 1986 mit anderen Schiffen, erhielt nach der Reparatur 1986 den Namen *Confidentia* und wurde von einer Stiftung für Segelschulschiffe erworben. Diese baute das Schiff zu einem Großsegler um und färbte Rumpf und Segel grün. Als *Alexander von Humboldt* legte sie seitdem mehr als 300 000 Seemeilen zurück. Wer mitsegeln will – auch ohne Segelerfahrung –, wähle die Telefonnummer 0471-94 58 80.

Nelsons Blut

Siegreich, aber tot kehrte Admiral Nelson 1805 von der Schlacht bei Trafalgar nach London zurück. Sein Leichnam war für die Heimreise in einem Fass mit Rum konserviert worden. Als das Fass in London eintraf, war Nelson zwar noch da, von dem Rum aber fehlte jede Spur – die Mannschaft hatte sich das Konservierungsmittel einverleibt. Seitdem heißt Rum auch *Nelson's Blood.*

Und 'ne Buddel voll Rum!

«Oh, a drop of Nelson's blood wouldn't
do us any harm
Oh, a drop of Nelson's blood wouldn't
do us any harm

Oh, a drop of Nelson's blood
wouldn't do us any harm
And we'll all hang on behind.
So we'll roll the old chariot along
An' we'll roll the golden chariot along.
So we'll roll the old chariot along
An' we'll all hang on behind!»

Die nächsten beiden Strophen des Shantys beginnen mit
«Oh, a plate of Irish stew wouldn't do us any harm.»
und
«Oh, a nice fat cook wouldn't do us any harm.»

Fischlippen-Cocktail

Den Shaker zur Hälfte mit Eiswürfeln füllen.

35 ml Wodka
15 ml Grapefruitsaft
15 ml Triple Sec
15 ml Kirschwasser

Alle Zutaten hineingeben, gut schütteln, in ein Cocktailglas gießen – und genießen.

Alkoholrationen

Der Generalkapitän von Flandern, Philipp von Kleve (1456 bis 1528), ließ täglich 3,27 Liter Bier an jeden Matrosen ausschenken. Seine Flotte führte mehr Bier als Wasser mit – nämlich das Siebeneinhalbfache –, was Philipp in seinem Kriegsbuch penibel vermerkte.

⅓ Azumbre (= 700 ml) Sherry oder Wein gab es 1588 jeden Tag für spanische Seeleute. Die Armada hatte 57 000 Liter Trinkwasser an Bord – und 82 000 Liter Wein.

3,2 Liter Bier pro Mann und Tag waren auf der schwedischen *Vasa* gelagert, die 1628 gleich bei ihrer Jungfernfahrt sank.

Von 1655 bis zum 1. August 1970 erhielt jeder Matrose der britischen Marine eine Portion Rum – *tot* genannt. Zuletzt war das ⅛ Pint (71 ml) mit 50%igem Rum. 1776 gab es für britische Matrosen täglich eine Gallone (4 ½ Liter) Dünnbier (mit 1 % Alkohol) und ein halbes Pint (236 ml) Rum täglich.

Grog & Flip

Die ersten beiden Cocktails wurden auf See erfunden:

Vizeadmiral Edward Vernon (1684–1757), siegreich bei Porto Bello, gilt als Reformer: Er wehrte sich gegen Zwangsrekrutierung und kämpfte gegen die Trunksucht an Bord. Er erteilte die Order, die tägliche Ration Rum mit Wasser zu vermischen. Da Vernon stets einen Mantel aus *Grogram* trug (*gros grain,* ein Gemisch aus Wolle und Seide), den er mit Kautschuk halbwegs wasserdicht gemacht hatte, nannte man ihn *Old Grogram.* Trank der Seemann aber zu viel von Old Grograms *Grog* – wurde er *groggy.*

Das auf den Schiffen ausgeschenkte Bier hatte nur einen geringen Alkoholgehalt von einem bis eineinhalb Prozent. Zu Beginn des, 18. Jahrhunderts gingen die Seeleute deshalb dazu über, das Dünnbier mit Gewürzen und Brandy zu mischen. Trank der Seemann zu viel vom *Flip,* fühlte er sich glatt imstande über den Mast zu hüpfen *(to flip).*

Bei den Maoris

«Gleich nach der Landung begegneten wir zwei oder drei Eingeborenen, die sich vor kurzem an menschlichem Fleisch gütlich getan hatten. Ich erhielt einen Armknochen von einem Mann oder einer Frau, der ziemlich frisch war. Das Fleisch war erst vor kurzem abgenagt worden, und sie erzählten, wie sie vor ein paar Tagen eine fremde, vermutlich feindliche Bootsmannschaft erlegt und verspeist hätten.»

The Journals of Captain Cook, verfasst von James Cook auf seiner Reise mit der *Endeavour* (1768–1771)

Aquavit Linie

1850, so geht die Legende, segelte der Schoner *Gymer* von Norwegen nach Australien, beladen mit Fässern voll Aquavit. Doch am anderen Ende der Welt war der Käufer zwischenzeitlich gestorben, und niemand wollte ihn haben, den mehrfach destillierten Kartoffelbrand mit Kümmel, Koriander, Anis und anderen – geheim gehaltenen – Gewürzen. Der Kapitän nahm seine Ladung also wieder mit zurück nach Norwegen. Dort schmeckte der Kartoffelbrand auf einmal viel, viel besser. Der Abfüller hatte den Aquavit in alte Sherryfässer gefüllt und ihm so einen neuen Geschmack verliehen, zudem hatte ihn das Rollen und Schütteln auf See einzigartig verfeinert. Noch heute wird Aquavit Linie zweimal über den Äquator transportiert. Versuche, ihn an Land zu schütteln, haben angeblich nicht zum gewünschten Effekt geführt. Auf jeder Flasche sind der Name des jeweiligen Schiffes und die Daten der Äquatorüberquerungen aufgeführt.

Prärieauster

Singapur hat den *Singapur Sling,* Brasilien den *Caipirinha,* New York den *Manhattan.* Und aus Deutschland stammt diese einzigartige *Prärieauster:*

¾ Glas Tomatensaft · 1 Eigelb · 1 TL Zitronensaft · 1 TL Olivenöl
2–3 TL Tabasco · 1 Prise Salz · 1 Pfeffer
1 Prise Paprika

Das Cocktailglas mit Olivenöl ausschwenken. Tomatensaft, Zitronensaft, Tabasco, Salz und Pfeffer einschenken und umrühren. Eigelb einrühren und mit Paprika bestreuen. Wer will, gibt noch einen Schuss Cognac dazu. Die *Prärieauster* gilt als Katerkiller.

Die besten Fischköche

Hier sind sie: die Gewinner des prestigeträchtigsten Kochwettbewerbs *Bocuse d'Or* in der Kategorie Fisch. Alle hatten fünf Stunden Zeit, alle kochten den gleichen Fisch.

2007 ≈ Sven Erik Renaa aus Norwegen – *Norwegischer Heilbutt*
2005 ≈ Jonas Dahlbom aus Schweden – *Isländischer Seeteufel*
2003 ≈ Donal Loriaux aus Belgien – *Norwegische Fjordforelle*

Rattenfreie Inseln

Madagaskar
Amrum · *Lively Island*, Falkland · *Campbell* und *Kapiti*, Neuseeland · *Sangalaki*, Indonesien · *Lundy*, Großbritannien · *Kure* und *Tern*, Hawaii · *Norfolk-Inselgruppe*, Australien

Ratten verlassen das Schiff

In Deutschland sind zwei Rattenarten heimisch. Die schwarze Hausratte *(Rattus rattus)*, die beim Laufen den Schwanz hebt und deshalb keine Schleifspuren hinterlässt, und die größere braune Wanderratte *(Rattus norvegicus)*. Hausratten mögen Dachspeicher, Wanderratten lieben Keller und Kanalisationen. Beide Arten stammen ursprünglich aus Asien. Die Wissenschaft streitet sich, wann und wie die Hausratte nach Europa kam. Vor 2000 Jahren (sie findet sich auf Zeichnungen der alten Griechen), mit den Kreuzzügen oder erst im Zeitalter der Entdeckungen, als sie auf den Schiffen der Entdecker mitfuhr und die Pest einschleppte? Die Wanderratte, da sind sich alle sicher, eroberte Europa und alle anderen Kontinente außer der Antarktis im 18. Jahrhundert. Sie kommt aus der zentral-asiatischen Steppe und fühlt sich im Wald und in der Kälte nicht wohl. Die Hausratte hingegen entkam den Wäldern Südostasiens, sie kann sich harschem Klima besser anpassen. In den 90er-Jahren stand sie auf der *Roten Liste* der gefährdeten Tierarten, inzwischen ist sie allerdings wieder zahlreich vertreten.
In Südostasien wurden Ratten gerne als lebende Nahrung in Kanus mitgenommen. Da sie aber nicht von Insel zu Insel schwimmen können, verrät uns die DNA ihrer heute dort lebenden Nachkommen, aus welcher Ecke Asiens die jeweiligen Südseeinseln vor 3500 Jahren besiedelt wurden.

Inseln und Küsten, die nach Lebensmitteln benannt wurden

Gewürzinseln ≈ Von den Molukken, Indonesien, stammen Nelken und Muskat.

Coffee Bay, Südafrika ≈ Ein 1863 gestrandetes Schiff verlor hier seine Ladung – einige der Bohnen schlugen Wurzeln.

Tobago, Karibik ≈ Der Name der Insel leitet sich vom haitianischen Wort *tambaku* ab – Tabak!

Inseln und Länder, nach denen Lebensmittel benannt wurden

Kafa ≈ Aus dieser äthiopischen Provinz stammt der Kaffee.

Mokka ≈ Nach al Mukha im Jemen – von hier gelangte der Kaffee in die Welt.

Bourbon (Vanille) ≈ Ursprünglich kam die Vanille aus Mexiko, heute kommt sie hauptsächlich aus Madagaskar und von der Insel Réunion. Réunion hieß früher Bourbon, daher der Name *Bourbon Vanille*. Die Insel wurde nach dem Sturz der Bourbonen in Réunion umbenannt, um den Zusammenschluss von Revolutionären aus Marseille mit denen aus Paris zu feiern.

Bourbon (Whiskey) ≈ Da Frankreich die amerikanische Unabhängigkeitsbewegung unterstützt hatte, nahmen einige amerikanische Landkreise französische Namen an: Lafayette, Louisville, Versaille – und auch Bourbon in Kentucky, wo später der Whiskey destilliert wurde.

Gewürzinseln

Tabasco darf nur aus
Avery Island (9 km²) vor Louisiana kommen.
Muskat wuchs ursprünglich ausschließlich auf den
Banda-Inseln (südliche Molukken, 180 km²).
Echten *Zimt* gibt es nur auf Sri Lanka
(65 610 km²).

Inseln und Häfen, die scheinbar wie Lebensmittel heißen

Sandwich Islands ≈ Die unbewohnte Inselgruppe in der Antarktis taufte James Cook nach seinem Auftraggeber, dem Lord Sandwich. Das belegte Brötchen kam erst später zu seinem Namen – nachdem Lord Sandwich es erfunden hatte.

Petersilieninseln ≈ Die zwischen Marokko und Spanien umstrittene *Isla Perejil* wurde vermutlich nach einem gewissen Perez Gil benannt und nicht nach dem Küchenkraut.

Muscat ≈ Die Griechen gaben der heutigen Hauptstadt von Oman diesen Namen, lange bevor die Muskatnuss nach Europa kam. Der Name bedeuted *Ort des Fallens* und verweist auf die steilen Berge, die die Stadt umgeben.

Mark Twain über deutschen Kaffee

«Man nehme ein Fass voll Wasser und bringe es zum Kochen, reibe ein Stück Zichorie an einer Kaffeebohne und befördere Ersteres in das Wasser. Man setze das Kochen und Verdampfen fort, bis die Stärke des Geschmacks und Aromas von Kaffee und Zichorie auf das richtige Maß verringert sind, dann stelle man es zum Abkühlen ab. Nun schirre man die Überreste einer Kuh vom Pflug ab, stecke sie in eine Presse, und wenn man einen Teelöffel voll jenes blassblauen Saftes gewonnen hat, den ein deutscher Aberglaube als Milch betrachtet, mildere man die schädliche Wirkung durch einen Eimer voll kalten Wassers und läute zum Frühstück. Man mische das Getränk in einer kalten Tasse, nehme es mit Mäßigung zu sich und lege einen feuchten Lappen um den Kopf, um sich vor Übererregtheit zu schützen.»

Das nördlichste Restaurant der Welt

Kings Bay Service Center
Ny-Ålesund, Svalbard, Spitzbergen
Norwegen: 78°55'N, Tel. +47 790 27 200

Einige koschere Restaurants außerhalb Israels

Kineret Aruba Glatt Kosher Deli ≈ Playa Linda Beach Resort, Aruba, Karibik

Shanghai Jewish Center Café ≈ 1720 Hong Qiao Road, Schanghai

Sylviah Restaurant ≈ 11 Regent Road, Kapstadt

Kosher McDonald's ≈ Avenida Corrientes 3247, Buenos Aires

Die besten Restaurantschiffe

Dream Submarine ≈ U-Boot in Jeddah, Saudi-Arabien. Spezialität: Es liegt halb unter Wasser, und man kann beim Fischessen Fischen beim Schwimmen zusehen.

Jumbo Kingdom ≈ Dschunke in Hongkong. Spezialität: lebende Fische zur Auswahl.

Admiral Nelson ≈ Fregatte in Bremen. Spezialität: Pfannkuchen.

Lightship 10 ≈ das älteste existierende Leuchtfeuerschiff in London. Spezialität: Austern.

New Island ≈ Ausflugsdampfer in St. Petersburg. Spezialität: 25 Gramm Kaviar für nur 850 Rubel (rund 25 €).

Odessa ≈ russisches Handelsschiff in Amsterdam. Spezialität: Disco, Bar, Hotel und Restaurant in einem. Und wem es da nicht gefällt: Auf den Docklands gibt es noch weitere Restaurantschiffe.

Das südlichste Restaurant der Welt

Camblor
Puerto Williams, Feuerland
Chile: 54°56'S, Tel. +56 61 62 10 33

Wanderer, kommst du nach Japan

... dann besuche das älteste Sushi-Restaurant von 1781:
Sushiman, 5-11, Koraibashi 4-chome, Chuo-ku, Osaka, Tel. +81 06 62 31 15 20

... und das beste Sushi-Restaurant:
Kyuubei, 7-6, Ginza 8-chome, Chuo-ku, Tokio, Telefon +81 03 35 71 65 23

Und natürlich den größten, tollsten und schönsten Fischmarkt der Welt: *Tsukiji,* U-Bahn-Station Tsukiji an der Hibiya-Linie. Früh hingehen, der Marktbetrieb beginnt um 3 Uhr morgens – um 13 Uhr kommt die Putzkolonne!

Maritime Kochwettbewerbe

≈ International Boston Seafood Show – 24. bis 26. Februar 2008
≈ Fischsuppen-Wettbewerb in Baja, Ungarn – zweites Wochenende im Juli
≈ Ensenada International Seafood Fair, Mexiko – zweites Wochenende im September

Die teuersten Restaurants der Welt

Laut Forbes, *Durchschnittspreis eines Abendessens in Dollar, 2006*

Aragawa, Tokio . . . . 368 $
Alain Ducasse au Plaza Athénée, Paris . . 231 $
Gordon Ramsay, London . . . . 183 $
Acquarello, München . . . . 125 $
Alberto Ciarla, Rom . . . . 113 $
Sushi Kaji, Toronto . . . . 109 $
Queue de Cheval Steak House, Montreal . . . . 85 $
El Amparo, Madrid . . . . 70 $
Whampoa Club, Shanghai . . . . 63 $
Boeucc, Mailand . . . . 62 $

Restaurantempfehlungen

der Zeitschrift **mare**

Futomasa ≈ Spezialität: Fugu ≈ Sennichimae 2-7-18, Chuo-Ku, Osaka, Japan, Tel. +81 00 334 129

Botafumeiro ≈ Spezialität: Entenmuscheln *Precebes* ≈ Gran de Gràcia, 81, Barcelona, Spanien, Tel. +34 93 21 84 230

Panama Jack's ≈ Spezialität: Abalone ≈ Berth 500, Cape Town Harbour, Südafrika, Tel. +27 21 447 39 92

Prír Frakkar ≈ Spezialität: Walfleisch (politisch korrektes) ≈ Baldursgata 14, 101 Reykjavík, Island, Tel. +354 552 39 39

Leo Burdock's ≈ Spezialität: Fish 'n Chips ≈ 2 Werburgh Street, Dublin 8, Irland, Tel. +353 14 54 03 06

Ristorante La Tartana ≈ Spezialität: Muscheln ≈ *Davette allo scoglio* Via Appia (bei Kilometer 102), 04019 Terracina, Italien, Tel. +39 077 370 24 61

Natusch ≈ Spezialität: Lachs in Salzkruste ≈ Am Fischbahnhof 1, Bremerhaven, Deutschland, Tel. 0471 710 21

Visser Vis ≈ Spezialität: Matjes und Krabben ≈ Haven 22, Lauwersoog, Niederlande, Tel. +31 51 93 49 101

Frontière de Pont Saint-Louis ≈ Spezialität: Tagesmenü ≈ 06500 Menton, Frankreich, Tel. +33 49 241 86 86

Chicama ≈ Spezialität: Ceviche ≈ 35 East 18th Street, New York, USA, Tel. +1 212 50 522 33

Munch's Hus ≈ Spezialität: Stockfisch ≈ Bülowstraße 66, Berlin, Deutschland, Tel. 030 21 01 40 86

Mercado Restaurant ≈ Spezialität: Seeschnecken *Locos* ≈ Mexicana 617, Punta Arenas, Chile, Tel. +56 612 47 415

Marie-Antoinette ≈ Spezialität: Papageienfischkrapfen ≈ St. Louis Road, Victoria, Mahe, Seychellen, Tel. +248 266 222

Restaurants, die *Fischers Fritze* heißen

≈ Im *Marriott*, Rostock
≈ Auf der Seeparkpromenade, Sellin, Rügen
≈ In Kamenz, Lausitz
≈ Im *Regent*, Berlin (okay, es heißt *Fischers Fritz,* doch das fehlende e macht es mit einem Michelin-Stern wett)

Fritz Fischer im Telefonbuch

Nur Privateinträge, ohne Doppelungen

Kiel ≈ 0
Lübeck ≈ 0
Bremen ≈ 1
Flensburg ≈ 1
Bad Tölz ≈ 1
Köln ≈ 3
Frankfurt/Main ≈ 4
Hamburg ≈ 5
Berlin ≈ 6
München ≈ 7
In Österreich ≈ 17
In der Schweiz ≈ 91

Kalorien und Todesfälle in der Seefahrt des 18. Jahrhunderts

Gesellschaft	Durchschnittliche Reisedauer in Tagen nach China	Proviant, umgerechnet in Kalorien pro Tag und Mann	Sterbe-rate in %
Ostende Kompanie	575	3681	8,3
Danish Chinaman	546	2764	9
Französische Kompanie	624	unbekannt	11,4
Schwedische Kompanie	651	3911	12,6
Holländische Kompanie	unbekannt	3517	23

Dorade im Salzmantel

- 200 g Fisch pro Person (ergibt etwa 120 g netto nach Entfernen von Gräten, Haut und Innereien)
- 1 Thymianzweig pro Portion
- ½ Bd. Petersilie pro Portion
- 4 Eiweiß pro Fisch
- 1½ kg Salz pro Fisch (bei großen Fischen, am besten grobes Meersalz)
- Pfeffer
- Alufolie, extrastark

Den Fisch außen und innen waschen und danach trocken tupfen. Petersilie und Thymian in die Bauchhöhle legen, mit Pfeffer rundherum würzen. Salz in eine Schüssel geben, das Eiweiß mit dem Handrührgerät leicht schaumig schlagen und unter das Salz mischen. Falls nötig, noch etwas Wasser unterrühren, bis eine formbare Masse entsteht. Einen Meter Alufolie doppelt auf ein Backblech legen und zu einer fischgroßen Schale formen. Die Hälfte des Salzteigs auf den Boden der Schale geben, den Fisch einbetten und mit der restlichen Salzmasse vollständig zudecken. Die Oberfläche mit einem in Wasser getauchten Messer glatt streichen. In der Mitte des Backofens garen, 40 bis 45 Minuten bei 180 bis 200 Grad Celsius. Den Fisch in der Kruste servieren und erst am Tisch aufbrechen. Wer es salzig mag, kann die Haut mitessen.

6. Mai 1789

Aus dem Logbuch des William Bligh

«Wir
gestatteten uns
anderthalb Unzen
Schwein, einen Löffel
Rum, ein halbes
Pint Kokos-
milch
und eine Unze
Brot ... Bisher hatte
ich die Portionen ge-
schätzt, jetzt fertig-
te ich aus
Kokos-
nussschalen und
Gewehrkugeln eine
Maßeinheit. 28 Ku-
geln wogen eine
Unze.»

Der Häuptlingskopf

«Der Kopf
des Wildenhäuptlings
wurde zum Feuer gestoßen und
rollte zu den Männern darum. Einer
der Wilden stahl den Kopf, schleppte ihn
hinter den Baum, wo ich mich versteckt hielt,
und nahm ihn in den Schoß. Er kämmte ihm
das Haar aus dem Gesicht und brach den
Schädel an der Stelle auf, wo ihn die Axt im
Gefecht verletzt hatte. Er aß sein Gehirn.
Der Rest des Körpers wurde gewa-
schen und in den Ofen
gesteckt.»

William Endicott: *Wrecked among Cannibals in the Fiji* (1829)

Ahoj-Brause

Limonade gibt's schon lange. Brausepulver erst seit 1926, als Theodor Beltle aus Stuttgart Weinsäure (das ist das farbige Pulver) mit Natron (das ist das weiße Pulver) mischte. Beltle überlegte sich einen werbewirksamen Namen und ließ einen fröhlichen Matrosen vom Tütchen winken.

Und so stellen Sie Ihre eigene Brause her:

1 EL Backpulver, besser geeignet: Weinstein-Backpulver (im Bioladen oder Reformhaus erhältlich)

2 EL Zitronensäure (gibt's bei den Backhilfsmitteln)

7 EL Puderzucker (funktioniert auch ohne, schmeckt dann aber nicht besonders)

Zusammenmischen und einen Teelöffel in ein Glas mit verdünntem Fruchtsaft geben.

Bitzel-Kuchen mit Ahoj-Brause

Für den Kuchen				*Für den Guss*	
250 g	Butter oder Margarine	200 g	Zucker	2	Tütchen Ahoj-Brause Orange
1	Päckchen Vanillezucker	350 g	Mehl	200 ml	Orangensaft
5	mittelgroße Eier	50 ml	Milch		bunter Zucker oder Puffreis
2	Tütchen Ahoj-Brause Orange	Prise	Salz		

Butter geschmeidig rühren. Nach und nach Zucker, Vanillezucker und Salz zugeben. Dann die Eier einzeln unterrühren. Brausepulver und Mehl vermischen, zur Masse geben und mit der Milch so lange verrühren, bis ein glatter Teig entsteht. Den Teig auf ein gefettetes Backblech geben und glatt streichen. Auf der mittleren Schiene im vorgeheizten Backofen bei 150 Grad etwa 20 Minuten backen. Abkühlen lassen. Das restliche Brausepulver mit dem Orangensaft vermischen und auf den Kuchen streichen. Mit Puffreis oder buntem Zucker bestreuen.

Die Speisung der Fünftausend

Danach fuhr Jesus weg über das Galiläische Meer, das auch See von Tiberias heißt. Und es zog ihm viel Volk nach, weil sie die Zeichen sahen, die er an den Kranken tat. Jesus aber ging auf einen Berg und setzte sich dort mit seinen Jüngern. Es war aber kurz vor dem Passah, dem Fest der Juden. Da hob Jesus seine Augen auf und sieht, dass viel Volk zu ihm kommt, und spricht zu Philippus: Wo kaufen wir Brot, damit diese zu essen haben? Das sagte er aber, um ihn zu prüfen; denn er wusste wohl, was er tun wollte. Philippus antwortete ihm: Für zweihundert Silbergroschen Brot ist nicht genug für sie, dass jeder ein wenig bekomme. Spricht zu ihm einer seiner Jünger, Andreas, der Bruder des Simon Petrus: Es ist ein Kind hier, das hat fünf Gerstenbrote und zwei Fische; aber was ist das für so viele? Jesus aber sprach: Lasst die Leute sich lagern. Es war aber viel Gras an dem Ort. Da lagerten sich etwa fünftausend Menschen. Jesus aber nahm die Brote, dankte und gab sie denen, die sich gelagert hatten; desgleichen auch von den Fischen, so viel sie wollten. Als sie aber satt waren, sprach er zu seinen Jüngern: Sammelt die übrigen Brocken, damit nichts umkommt. Da sammelten sie und füllten von den fünf Gerstenbroten zwölf Körbe mit Brocken, die denen übrig geblieben, die gespeist worden waren.

Die Bibel: *Das Evangelium nach Johannes*

Der Fisch der Fünftausend

Der *Tilapia* stammt ursprünglich aus dem Nilgebiet *(Oreochromis niloticus)* und findet schon früh Erwähnung. So soll Jesus die Fünftausend mit diesem Fisch gespeist haben. Vielfach wird der *Tilapia* auch *St.-Peter-Fisch* genannt – Fisch des biblischen Fischers.

Ichthys, griechisch für *Fisch*

ΙΧΘΥΣ

gilt als Akronym für Jesus, Sohn Gottes, Heiland

Können Fische erleuchtet werden?

Einst machte sich ein chinesischer Pilger auf den Weg nach Indien, um Sutren, buddhistische Schriften, zu erwerben. Unterwegs musste er einen breiten Fluss überqueren, doch es war weder ein Boot noch eine Brücke zu sehen. Verzweifelt stand der Pilger am Ufer. Da tauchte ein großer Fisch auf, bot dem Pilger seine Hilfe an und brachte ihn sicher an das andere Ufer. «In meinem früheren Leben habe ich gesündigt», erzählte der Fisch. «Kannst du in deinem Tempel fragen, ob ich meine Tat wiedergutmachen und ein Bodhisattva werden kann?»

Der Pilger gab ihm sein Wort und setzte seine Reise fort, die insgesamt siebzehn Jahre dauerte. Nachdem er die gesuchten buddhistischen Texte erhalten hatte, machte er sich auf den Rückweg nach China. Als er wieder am Ufer des breiten Flusses stand, tauchte erneut der große Fisch auf. Wieder half er dem Buddhisten, den Fluss zu überqueren. Der Buddhist hatte jedoch sein Versprechen längst vergessen. Als das der Fisch erfuhr, wurde er wütend und warf den Pilger ab. Ein Fischer, der zufällig in der Nähe war, rettete den Mann. Die Sutren jedoch war in den Fluten versunken.

Als der Pilger nach Hause kam, war er voller Zorn. Die Reise von siebzehn Jahren war umsonst gewesen! Voller Grimm schnitzte er aus einem Stück Holz einen Fischkopf und schlug mit einem Holzhammer auf diesen ein. Zu seiner Verwunderung öffnete der hölzerne Fisch auf den Schlag hin sein Maul und sagte einen Buchstaben der Sutren. Von nun an schlug der Pilger auf den Fischkopf, sooft er Zeit fand, und so konnte er nach ein paar Jahren die verloren geglaubten Sutren Buchstabe für Buchstabe wiedererlangen.

Noch heute schlagen Buddhisten auf eine Holztrommel, die wie ein Fisch aussieht.

Weh, weh, Ninive!

Es erging das Wort Jahwes an Jona, den Sohn des Amittai, also: «Auf, gehe nach Ninive, der großen Stadt, und predige ihr, denn ihre Bosheit ist zu mir gedrungen.» Aber Jona machte sich auf, um vor Jahwe nach Tarschisch zu fliehen. Er ging nach Japho hinab und fand ein Schiff, das nach Tarschisch fuhr, fort von dem Angesicht Jahwes. Jahwe aber warf einen starken Wind auf das Meer, und es entstand ein gewaltiger Sturm, sodass das Schiff nahe daran war zu scheitern. Da fürchteten sich die Schiffer und schrien, ein jeder zu seinem Gott; und sie warfen die Gegenstände, die im Schiffe waren, ins Meer, um das Schiff zu erleichtern. Jona aber war in den untersten Teil des Schiffes hinabgestiegen, hatte sich hingelegt und war eingeschlafen. Da ging der Kapitän zu ihm und sprach zu ihm: «Was schläfst du? Steh auf und rufe zu deinem Gott! Vielleicht wird der Gott unser gedenken, dass wir nicht umkommen.»

Und sie sprachen einer zum anderen: «Wohlan, wir wollen das Los werfen, um zu erfahren, wer schuld ist, dass dieses Unglück uns getroffen hat.» Und sie warfen das Los, und das Los fiel auf Jona. Und sie sagten zu ihm: «Sag uns doch, was du für ein Geschäft betreibst, woher du kommst und welchem Volke du angehörst.»

Da sagte er zu ihnen: «Ich bin ein Hebräer und verehre Jahwe, den Gott des Himmels, der das Meer und das Festland gemacht hat.»

Da fürchteten sich die Männer sehr und sagten zu ihm: «Warum hast du das getan?» Denn die Männer wussten, dass er vor Jahwe geflohen war, er hatte es ihnen selbst erzählt. Da sagten sie zu ihm: «Was sollen wir mit dir anfangen, damit das Meer sich beruhigt und von uns ablasse?» Denn das Meer wurde immer stürmischer. Er antwortete ihnen: «Nehmt mich und werft mich ins Meer, damit das Meer sich beruhige und von euch ablasse, denn ich weiß, dass um meinetwillen dieser große Sturm über euch gekommen ist.»

Und die Männer legten sich in die Ruder, um ans Land zu kommen, aber sie vermochten es nicht, denn das Meer stürmte immer mächtiger gegen sie an. Da riefen sie zu Jahwe und sprachen: «Ach Jahwe, lass uns doch nicht zugrunde gehen wegen des Lebens dieses Mannes da und bringe nicht unschuldiges Blut über uns, denn du, Jahwe, hast, wie es dir gefiel, getan.»

Und sie nahmen Jona und warfen ihn ins Meer, und das Meer ließ ab von seinem Toben. Da fürchteten sich die Männer sehr vor Jahwe, und sie brachten Jahwe ein Opfer dar und machten Gelübde.
Da bestellte Jahwe einen Fisch, um Jona zu verschlingen, und Jona war drei Tage und drei Nächte im Bauche des Fisches. Und Jona betete zu Jahwe, seinem Gott, aus dem Bauche des Fisches und sprach: Ich rief aus meiner Not zu Jahwe, und er erhörte mich; aus dem Schoß der Hölle schrie ich empor, du hörtest meine Stimme. Du warfst mich in die Tiefe, mitten ins Meer, die Fluten umgaben mich. Alle deine Wogen und Wellen gingen über mich dahin. Da sagte ich mir: Ich bin verstoßen von dir. Wie werde ich je wieder schauen deinen heiligen Tempel? Die Wasser stiegen mir bis zur Gurgel, es umfing mich die Flut, Schilf wand sich um mein Haupt an der Wurzel der Berge. Hinabgestiegen war ich zur Unterwelt, zu den Völkern von einst. Aber du zogst aus der Grube mein Leben, Jahwe, mein Gott. Als meine Seele in mir verschmachtete, da gedachte ich Jahwes. Mein Gebet drang bis zu dir in deinen heiligen Tempel. Und Jahwe gebot dem Fisch, und er spie den Jona aufs Land.

Es erging das Wort Jahwes an Jona zum zweiten Male also: «Steh auf und geh nach Ninive, der großen Stadt, und halte ihr die Predigt, die ich dir auftragen werde.»
Und Jona machte sich auf und ging nach Ninive, wie Jahwe ihm aufgetragen hatte. Ninive aber war eine große Stadt vor Gott, drei Tage brauchte man, um sie zu durchwandern. Jona ging eine Tagereise weit in die Stadt hinein und predigte und sprach: «Noch vierzig Tage, und Ninive wird zerstört werden.»
Die Leute von Ninive aber glaubten Gott und riefen ein Fasten aus und zogen Bußgewänder an, Groß und Klein. Und die Kunde davon drang bis zum König von Ninive, und er erhob sich von seinem Thron, legte seinen Mantel ab, hüllte sich in den Sack und setzte sich in die Asche. Und er ließ in Ninive ausrufen und gebot: «Auf Befehl des Königs und seiner Großen! Menschen und Tiere, Rinder und Schafe sollen nicht das Geringste genießen, nicht auf die Weide gehen und kein Wasser trinken! Man soll sich vielmehr in den Sack hüllen, und sie sollen mit Macht zu Gott rufen, und ein jeder soll sich bekehren von seinem bösen Tun und von dem Unrecht, das an seinen Händen ist! Vielleicht dass Gott es sich wieder gereuen

lässt und von seinem Zorn ablässt, dass wir nicht zugrunde gehen.»

Als nun Gott sah, was sie taten, dass sie von ihrem bösen Tun sich abkehrten, da reute ihn das Böse, das er ihnen zu tun angedroht hatte, und er tat es nicht. Das verdross Jona gar sehr, und er ward zornig. Und er betete zu Jahwe und sprach: «Ach Jahwe, habe ich das nicht gesagt, als ich noch in meiner Heimat war? Deshalb wollte ich dir zuvorkommen und nach Tarschisch fliehen, denn ich wusste, dass du ein gerechter und barmherziger Gott bist, langsam zum Zorn und reich an Gnade, und dass dich das Böse gereut. Und nun, Jahwe, nimm doch mein Leben von mir, denn es ist besser, ich sterbe, als dass ich am Leben bleibe.»

Da sprach Jahwe: «Ist es wohl recht, dass du zornig bist?»

Und Jona ging zur Stadt hinaus und ließ sich im Osten der Stadt nieder, machte sich daselbst eine Hütte und saß in deren Schatten, um zu sehen, was mit der Stadt geschehen würde. Und Jahwe Gott bestimmte eine Rizinusstaude, dass sie über Jona emporwachse, Schatten gebe seinem Haupt, um ihn von seinem Unmut zu befreien. Und Jona freute sich sehr über den Rizinusstrauch. Am anderen Morgen aber, als die Morgenröte emporstieg, da entbot Gott einen Wurm, der stach die Rizinusstaude, und sie verdorrte. Als nun die Sonne aufging, bestellte Gott einen glühenden Ostwind, und die Sonne stach Jona auf den Kopf, dass er ganz ermattete, sich den Tod wünschte und sprach: «Es ist besser, ich sterbe, als dass ich am Leben bleibe.»

Da sprach Gott zu Jona: «Ist es wohl recht, dass du zürnest wegen der Rizinusstaude?»

Da erwiderte er: «Mit Recht bin ich erzürnt und möchte sterben.»

Da sprach Jahwe: «Du hast Mitleid mit dem Rizinusstrauch, um den du dich nicht gemüht hast und den du nicht herangezogen hast, der in einer Nacht heranwuchs und in einer Nacht verging. Und ich sollte nicht Mitleid haben mit Ninive, der großen Stadt, in der mehr als hundertzwanzigtausend Menschen leben, die nicht zwischen rechts und links unterscheiden können, und so viel Vieh?»

Die Bibel: *Das Buch Jona*

Wie man eine Kokosnuss öffnet

1 Kokosnuss · 1 Hammer · 1 Handtuch · 1 großer Nagel oder Schraubenzieher

Auf dem Nordpol der Kokosnuss befinden sich zwei bis drei schwarze Male. Schlagen Sie den Nagel in diese Kerben, lassen Sie die Milch dann aus den Löchern in ein Glas fließen. Wickeln Sie die Nuss in das Handtuch und hämmern Sie bedächtig auf die Schale, bis sie bricht.

Tödliche Kokosnüsse

Der Fledermausforscher Dr. Merlin Tuttle und der Haiforscher George Burgess antworteten 2002 auf die Frage, ob der Umgang mit Fledermäusen und Haien nicht gefährlich sei, dass Kokosnüsse viel gefährlicher seien: Laut Tuttle finden jährlich 150 Menschen durch herabfallende Kokosnüsse den Tod. Und wahrscheinlich sei die Dunkelziffer groß, denn in den Hauptanbaugebieten, auf den Philippinen, in Indien, Sri Lanka und auf Tonga, würde darüber keine Statistik geführt.

Alles Schwindel!

Kokosnüsse sind gar keine Nüsse. Sie gehören – genau wie Mandeln und Paranüsse – zu den Steinfrüchten, da sie von einer weichen Fruchtschale umgeben sind.

9. Mai 1789

Aus dem Logbuch des William Bligh

«Ein Viertelpint Kokosnussmilch und etwas verfaultes Brot zum Frühstück. Abends teilte ich vier Kokosnüsse und den Rest des verdorbenen Brots an die Mannschaft aus. Dreimal am Tag gab es den fünfundzwanzigsten Teil eines Brotes und ein Viertelpint Wasser. Heute gab es abends eine halbe Unze Schinken, die sich drei bis vier Männer teilen mussten.»

Fastenzeit ist Fischzeit

Traditionell fasten Katholiken an den 46 Tagen zwischen Aschermittwoch und Ostersamstag. Nur an den sechs Sonntagen darf Fleisch gegessen werden: macht in der Summe 40 Fastentage.

≈ Zu Advent, außer am Sonntag, dem Herrentag – 18 Tage
≈ Jeder Freitag, weil Jesus an einem Freitag gekreuzigt wurde – 43 Tage
≈ Jeder Mittwoch, weil Jesus an einem Mittwoch durch Judas verraten wurde – 43 Tage

Auch die Christen der russisch-orthodoxen Kirche fasten:

≈ 28. November bis 7. Januar – vor Weihnachten
≈ 18. Januar – Vortag vor Christi Taufe
≈ 14. bis 28. August – vor Mariä Entschlafung
≈ 11. September – Enthauptung von Johannes dem Täufer
≈ 27. September – Kreuzerhöhung

Außerdem gibt es noch bewegliche Fastentage, abhängig vom Mondkalender:

≈ 10. März bis 26. April 2008 – Großes Fasten
≈ 23. Juni bis 11. Juli 2008 – Petrus-Fastenzeit
≈ 2. März bis 18. April 2009 – Großes Fasten
≈ 15. Juni bis 11. Juli 2008 – Petrus-Fastenzeit

Die äthiopisch-orthodoxe Kirche kennt bis zu 250 Fastentage.

Et voilà: Bouillabaisse

Für vier Personen

300 g	Garnelen
16 bis 18	Miesmuscheln
200 g	Kammmuscheln
1½ kg	gemischter weißer Fisch (Schnapper, Meerbarbe oder Seeteufel)
1	Fenchelknolle, in Streifen
1	Zwiebel, gehackt
1 Dose	Tomaten
1¼ l	Fischfond
	Lorbeerblatt
5	Safranfäden
	geriebene Orangenschale, unbehandelt
	Bouquet garni (Kräutersträußchen mit Dill, Estragon, Petersilie)
	Petersilie, gehackt
2 cl	Pernod (1 Schnapsglas)
1	rote Paprika
1	rote Chili
1	Scheibe Weißbrot ohne Rinde
2	Knoblauchzehen, gehackt
1	Eigelb
80 ml	Olivenöl

Garnelen entdarmen, Miesmuscheln putzen und Bärte entfernen, von den Kammmuscheln Haut, Adern und Muskeln entfernen. Den Fisch in mundgerechte Stücke schneiden. Alles abgedeckt kühl stellen. Öl bei mittlerer Hitze in einem großen Topf erwärmen. Fenchel und Zwiebeln fünf Minuten garen, Tomaten zufügen und weitere drei Minuten köcheln. Safran, Lorbeerblatt, Kräutersträußchen, Orangenschale dazugeben und weitere zehn Minuten blubbern lassen. Alle Meeresfrüchte und den Pernod unterrühren und wieder vier bis fünf Minuten garen. Ungeöffnete Muscheln, Bouquet garni und Lorbeerblatt entfernen. Währenddessen die Rouille vorbereiten: Von der Paprika die weißen Innenhäute entfernen und die Paprika in kleine Stücke schneiden. Chili zerkleinern, Kerne entfernen. Beides grillen, bis die Haut schwarz wird. Abkühlen, schälen. Brot einweichen und ausdrücken. Zusammen mit Chili, Paprika, Knoblauch und Eigelb pürieren, zuletzt das Olivenöl einfließen lassen. Die fertige Bouillabaisse in Suppentassen füllen und mit Petersilie und der Rouille servieren.

Wie tödlich ist Teetrinken?

«Die Bevölkerung hat besonders seit 1757 (also seit der Sturmflut am 19. Januar) durch das Übergewicht der Mortalität sehr abgenommen. Seefahrt und das 3, 4 bis 5 mal täglich in großer Menge wiederholte Theetrinken werden als Ursache angegeben ... Das gewöhnliche Getränk ist Thee, und zwar neuerlich feiner Thee. Bier wird fast gar nicht getrunken.»

August Niermann 1799 über die Hallig Hooge

Kolonialwaren für Nordfriesland

Lieferung des Bürgermeisters von Tönning, Adolph Thomsen, an den Bürgermeister von Garding, Boye Carstens, vom 4. Februar 1706

12 Pfd. Korinthen	3 Mark, 6 Schilling
8 Pfd. Graupen	2 Mark
5 Pfd. weißer Ingwer	3 Mark, 12 Schilling
16 Pfd. Pfeffer	12 Mark
8 Lot Kardamom	1 Mark, 12 Schilling
8 Lot Canehl (Zimt)	1 Mark, 4 Schilling
8 Lot Nelken	1 Mark, 12 Schilling
2 Pfd. brauner Kandis	1 Mark, 10 Schilling
6 Pfd. Anis	1 Mark, 14 Schilling
8 Lot Muskatblüten	3 Mark
2 Lot Safran	8 Schilling
2 Pfd. weißer Sago	12 Schilling
4 Lot Muskatnüsse	14 Schilling
50 Pfd. Stärkemehl	6 Mark, 4 Schilling
5 Pfd. Schmalz	2 Mark, 13 Schilling
5 Pfd. Hering blau	1 Mark, 20 Schilling
6 Pfd. Schwefelhölzer	1 Mark, 8 Schilling
4 Pfd. Alaun	11 Schilling
1 Ries Maculatur (480 Bogen Schreibpapier)	1 Mark
1 Oxhoft Kümmel-Branntwein	50 Mark

Ein Lot sind 15 Gramm. Ein Oxhoft sind 218,25 Liter.
16 Schilling machen eine Courantmark zu 234 Gramm Silber.

Vorbei ist das Fasten

Kameraden, vorbei ist das Fasten,
Ich sehe den Leuchtturm durchs Glas.
Schon flattern um unsere Masten
Die Möwen. Im Wasser schwimmt Gras.
Schon steigen die Türme vom Hafen
Wie Kräuterkäse grün aus dem Grau.
Old Sailorboys, heute Nacht schlafen
Wir alle an Land bei der Frau.
Vielleicht tanzen wir heute
Und saufen, so viel uns behagt.
Wir haben als Fahrensleute
So lang dem Vergnügen entsagt.

Joachim Ringelnatz

Eine interessante Einkaufsliste aus Tetenbüll

Johannes Peters erwarb für seinen Hausstand 1883 folgende Kolonialwaren:

10 ½ Pfd. Tee à 1,80 Mark
31 Pfd. Kaffeebohnen à 1,20 Mark
1 Pfd. Feigen à 0,50 Mark
15 Zitronen à 0,10 Mark
4 Pfd. Rosinen à 0,60 Mark
9,5 Pfd. Korinthen à 0,50 Mark
18 Pfd. Reis à 0,20 Mark
3,5 Lot (52,5 Gramm) à 0,30 Mark für Zimt, Nelken, Ingwer, Muskat

Insgesamt gab der brave nordfriesische Lehnsmann Peters in jenem Jahr 475,39 Mark für Lebensmittel aus, davon 84,70 Mark für exotische Importwaren: Rund zehn Prozent seines Jahresbudgets allein für Kaffee, vier Prozent für Tee.
1897 kostete Tee bereits 2 Mark pro Pfund, elf Prozent mehr als 24 Jahre zuvor, Kaffee ging mit einem Plus von stolzen 33 Prozent für 1,80 Mark über den Ladentisch.

Jahrgangssardine

Frisch gefangen sofort in bestes
Olivenöl eingelegte Sardinen
nennt man *sardine millésime.*

Sie gelten als echte Delikatesse
und schmecken nach acht bis
zehn Jahren am besten.

Danach sind sie ungenießbar.
Preise je 115 Gramm:

La Pointe de Penmarch – € 6
La belle Iloise – € 2,70
Sardines millésimées 2003 – € 5,40

La Quiberonnaise – € 4,90
Filets Bleu 2005, Les Mouettes d'Arvor – € 3

Die größten Fische aller Zeiten

Mekong-Riesenwels (Süßwasser)	3 Meter	293 Kilo
Walhai	13,7 Meter	34 000 Kilo
Leedsichthys problematicus	22 Meter	unbekannt

(vor 150 Millionen Jahren ausgestorben)

Die teuersten Fische aller Zeiten

Tsukiji-Fischmarkt in Tokio, an einem ganz normalen Markttag
im Jahre 2005: Die Gebote steigen und steigen.
Umgerechnet 94 307 $ werden schließlichgezahlt – für
einen einzigen Fisch: Roter Thun, 285 Kilo schwer.
Auch nicht schlecht:
Almas Kaviar, 25 000 $ das Kilo
Arowana (Zierfisch), 10 000 $ das Stück

Griechischer Hai

«In Torone musst du dir Bauchfleisch vom Thunfisch kaufen. Bestreu ihn mit Kreuzkümmel und nicht zu viel Salz. Nimm nichts Weiteres, mein lieber Gefolgsmann, außer vielleicht ein bisschen Olivenöl. Wenn es durch ist, bekommst du die Steaks davon. Wenn du die Steaks in einem Topf brätst, nimm kein Wasser, auch keinen Weinessig, nur das Öl, Kreuzkümmel und aromatische Kräuter. Grille über der Asche, die Flammen sollten nicht hochschlagen, und rühr genügend um, damit nichts anbrennt. Wenige kennen oder wollen diese göttliche Speise kosten, viele haben Angst, weil diese Kreatur ein Menschenfresser ist.»

Ein Rezept des Archestratus aus seinem Werk *Das Leben in Luxus,* ungefähr 400 vor Christi Geburt verfasst – ein mediterraner Gastronomieführer in Hexametern, überliefert von Athenaeus.
Übrigens: Torone ist eine Stadt in Nordgriechenland, und der erwähnte Thunfisch ist tatsächlich ein Schwarzspitzen-Riffhai.

(B)eat this!

Die Top-Ten-Essrekorde der Schwarzen Witwe

552	Austern in	10 Minuten
65	hartgekochte Eier	6 Minuten und 40 Sekunden
5 Kilo	Käsekuchen	9 Minuten
5,18 Kilo	Hummer	12 Minuten
2,61 Kilo	Chickenwings	10 Minuten
3,82 Kilo	heiße Bohnen	2 Minuten und 47 Sekunden
48	Hähnchen-Tacos	11 Minuten
31 ½	Käse-Quaesadillas (zehn Zentimeter groß)	5 Minuten
46	Crab Cakes (Krebsbuletten zu 93 Gramm)	10 Minuten
4,09 Kilo	Crawfish Jambalaya (eine Art Cajun-Paella mit Süßwasserkrebsen)	10 Minuten

Die *Schwarze Witwe* heißt mit bürgerlichem Namen Sonya Thomas: Jahrgang 1969, 165 Zentimeter groß, 50 Kilogramm schwer. Sie wird von der *International Federation of Competive Eating* als größter Wettkampfesser geführt. Ausschlaggebend ist dafür das Verhältnis Körpergewicht zu Essensmenge. Sie hat sich den Kampfnamen *Schwarze Witwe* gegeben, da sie mit Vorliebe Männer bezwingt. Ihre bevorzugte Distanz ist zehn bis zwölf Minuten. Sie ist außerdem Weltrekordhalter in den Disziplinen Fleischklopse, Okrabohnen, Hackfleischkuchen, Big Daddy Burger, Schinkensandwich, getoastete Ravioli, Süßkartoffelauflauf und Turducken (Pute gefüllt mit Ente gefüllt mit Huhn). Ihr größter Gegner ist Takeru Kobayashi, ebenfalls erstaunlich schlank, Weltmeister in der Königsdisziplin Hot-Dog-Essen: 53,75 Stück in zwölf Minuten.

Drogen, global

Um 1492 baute Martin Behaim den ersten Globus. Auf ihm sind folgende Produkte verzeichnet, die als Drogen, Gewürze und Medikamente gehandelt wurden:

Perle, Rubin, Ambra, Diamant, Rhabarber, Zucker, Sandelholz, Mumie, Bisam, Aloe, Portugals Pfeffer *(Piper Clusii)*, Zimt, Ebenholz, Kampfer, Nelken, Paradieskorn, Moschus, Zibeth, Muskat

Meuterei wegen schlechter Verpflegung

≈ 22. Juni 1611 – Bei seiner dritten Reise 1610 stößt Kapitän Henry Hudson auf der Suche nach einem nördlichen Seeweg Richtung China bis in die große Bucht im Norden Kanadas vor, die heute seinen Namen trägt. Im November sitzt sein Schiff – die *Discovery* – im Eis fest. Nach Monaten endlich wieder frei, wird auf der Heimreise der Proviant knapp. Die Mannschaft setzt den Kapitän, seinen Sohn und sieben kranke Kameraden in einem kleinen Boot in der Hudson Bay aus. Man hat nie wieder von ihnen gehört.

≈ 27. Juni 1905 – Auf der *Potemkin* (sprich: Potjomkin) wollen die Matrosen kein verfaultes Fleisch mehr essen – wenig später brennt Odessa. 6000 Menschen finden den Tod.

≈ 18. Februar 1946 – An Bord der *Akbar* beginnt die Bombay-Meuterei. Sie weitet sich aus zu einem allgemeinen Aufstand mit 20 000 streikenden Seeleuten auf 78 Schiffen.

Ein traditioneller Shanty, beim Lenzen gesungen

Fire down below

Fire in the galley,
fire down below,
It's fetch a bucket of water, boys,
There's fire down below.

Chorus:
Fire! fire! fire down below;
It's fetch a bucket of water, boys,
There's fire down below.

Fire in the forepeak,
fire down below;
It's fetch a bucket of water, boys,
There's fire down below.

(Chorus)

Fire in the windlass,
fire in the chain;
It's fetch a bucket of water, boys,
And put it out again.

(Chorus)

Fire up aloft
and fire down below;
It's fetch a bucket of water, boys,
There's fire down below.

(Chorus)

11. Mai 1789

Aus dem Logbuch des William Bligh

«Morgens verteilte ich einen Teelöffel Rum. Unsere Glieder waren so verkrampft, dass wir uns kaum rühren konnten. Abends regnete es fürchterlich, und wir erwarten eine schreckliche Nacht.»

Bolinhos de Bacalhau
Portugiesische Stockfischklößchen

Zutaten für 9 Klößchen

250 g	gesalzener norwegischer Stockfisch (Bacalhau)	Petersilie, gehackt
200 g	Kartoffeln	Muskat
½	Zwiebel	Salz
2	Eier	Pfeffer

Den Stockfisch mindestens 24 Stunden wässern, dann zwölf Stunden in Milch einlegen. Stockfisch in der Milch zum Kochen bringen. Rund zehn Minuten auf mittlerer Temperatur köcheln. Abgießen, von Haut und Gräten befreien. Mit einem Küchentuch den Fisch ausdrücken und fein zerreiben. Pellkartoffeln kochen, pellen, durch die Kartoffelpresse drücken und mit dem Stockfisch vermischen. Zwiebel fein würfeln, Petersilie hacken und unter die Masse mischen. Mit Pfeffer, Salz und Muskat würzen. Eier nach und nach unterrühren, bis eine gleichmäßige Masse entstanden ist. Mit zwei Esslöffeln Nocken abstechen. Fritteuse auf 180°C heizen oder Öl im Wok erhitzen und die Klößchen hellbraun frittieren. Auf Küchenpapier abtropfen lassen. Servieren.

Schaffermahlzeit

Jeden zweiten Freitag im Februar treffen sich Bremer Kaufleute und Kapitäne im Rathaus zur *Schaffermahlzeit*. Das gesellschaftliche Großereignis ist das älteste Wohltätigkeits-Event – die Schaffer unterstützen damit notleidende Kapitäne. Die Menüfolge ist üppig und seit Jahrhunderten unverändert:

Bremer Hühnersuppe

Stockfisch

Braunkohl (heißt außerhalb Bremens Grünkohl) mit Pinkel
(eine Wurst aus Nierenfett und Hafergrütze) und Maronen

Kalbsbraten mit gedämpften Äpfeln,
Katharinenpflaumen und Selleriesalat

Rigaer Butt (eine geräucherte Seezunge aus Riga)
mit Zunge, Wurst, Käse und Sardellen

Fruchtkorb, Kaffee

Krabben pulen

Die Nordseekrabbe ist eigentlich eine Garnele, und pulen schreibt sich ohne h – so viel vorab für die Binnenländer unter uns.

Krabben müssen immer noch mit der Hand gepult werden. Dazu reisen sie nach Tunesien und gepult wieder zurück, bevor sie bei uns im Supermarktregal landen. In den nordfriesischen Fischereihäfen werden sie noch vor Ort gepult und sind dementsprechend frisch. Wer sich allerdings im Binnenland frische Krabben gönnen will, muss selbst pulen.

Und das geht so: Nehmen Sie die Krabbe zwischen beide Daumen und Zeigefinger, mit dem Rücken zu den Daumen. Knicken Sie den Panzer ungefähr am zweiten Ring hinter dem Kopf und ziehen Sir das Schwänzchen ab. Und dann die nächste. Und noch eine und noch eine ...

Fish's End

«Das Meer dort wimmelt von Fischen, für deren Fang man keine Netze braucht, sondern bloß Körbe, die man mit einem Stein hinablässt, damit sie sinken … Sie könnten so viele Fische herbeischaffen, dass das Königreich nicht mehr auf Island angewiesen wäre, wo eine überaus große Menge des Fisches herkommt, den sie Stockfisch nennen.» John Cabot hatte 1497 die Fischgründe vor Neufundland entdeckt, die bisher nur die Basken kannten. Es gibt eine Theorie, nach der Amerika auf der Suche nach Kabeljau entdeckt wurde. 500 Jahre später ist der kanadische Kabeljau weitgehend ausgerottet, 1992 wurde der Fischfang eingestellt. Bis heute wartet man darauf, dass der Kabeljau zurückkehrt.

Fangquoten des Kabeljaus in der Nordsee

1987	≈	197 000 Tonnen
1997	≈	131 100 Tonnen
2005	≈	31 200 Tonnen
2006	≈	23 205 Tonnen
2007	≈	19 957 Tonnen

Von Greenpeace und dem World Wildlife Fund (WWF) geforderte Fangquote für Kabeljau in der Nordsee

0 Tonnen

Aufgegessen und ausgestorben

Tiere, die Seeleuten als Proviant dienten

Dronte ≈ 1640 (†)
Steller'sche Seekuh ≈ 1770 (†)
Riesenalk ≈ 1844 (†)
Brillenkormoran ≈ 1850 (†)
Karibische Mönchsrobbe ≈ 1952 (†)

Frühstück bei Käpt'n Nemo

«Nein, Sir», antwortete Kapitän Nemo. «Das Fleisch von Landtieren rühre ich nicht an.» – «Aber das ...» Ich deutete auf den Tisch mit den Steaks. «Was Sie für Steaks halten, Professor, stammt von Meeresschildkröten. Das hier, was aussieht wie Schweinegulasch, ist die Leber eines Delphins. Mein Koch ist sehr geschickt darin, all die Meeresfrüchte zuzubereiten und einzulegen. Bedienen Sie sich. Das hier ist Seegurke, wie Sie sie besser auch nicht in Malaysia bekommen werden. Das ist Sahne vom Waleuter, und das ist Zucker aus Nordseealgen. Und zum Schluss möchte ich Ihnen noch Seeanemonen-Konfitüre anbieten, besser als von jedem Obst.»

Jules Verne: *20 000 Meilen unter dem Meer*

Tribut an Skorbut

1497–1499 ≈ erste Fahrt nach Indien mit Vasco da Gama:
100 von 160 Seeleuten wurden Opfer der einseitigen Diät.

1519–1522 ≈ Weltumseglung mit Magellan:
130 von 250 Matrosen starben an der Mangelkrankheit.

1740–1744 ≈ Weltumseglung mit George Anson:
1300 von 2000 Seeleuten überlebten die erfolgreiche Kaperfahrt nicht.

1768–1779 ≈ drei Reisen in den Pazifik mit James Cook:
0 Tote, dank Sauerkraut!

Was Matrosen zu essen bekamen

Ration portugiesischer Matrosen um 1600

≈ 1 arrátel (= 459 Gramm) Schiffszwieback pro Tag
≈ 2 ½ Stockfische pro Monat
≈ ½ Canada (= 1,57 Liter) Olivenöl im Monat
≈ ½ Canada Wein am Tag
≈ 1 Canada Wasser am Tag

12. Mai 1789

Aus dem Logbuch des William Bligh

«Der anbrechende Tag enthüllte jämmerliche Gestalten voller unerfüllbarer Wünsche. Manche beklagten sich über große Magenschmerzen, die meisten konnten sich kaum rühren. Das bisschen Schlaf hat uns kaum erfrischt, die ganze Nacht wurden wir von Regen und Gischt durchnässt. Ich verteilte einen Löffel Rum zusätzlich zu unserer Diät aus Brot und Wasser.»

Lachs in Soja-Mirin-Sauce

Pro Person

- 120 g Lachs
- 1 EL japanische Sojasauce
- 1 EL Mirin (süßer Reiswein) oder Sherry
- ½ EL brauner Zucker
- scharfer Senf
- Alufolie, extrastark

Sojasauce, Mirin und Zucker in einem Schälchen verrühren. Den Lachs (mit der Haut nach unten, falls noch Haut dran ist) in die Alufolie einschlagen und die Sauce darübergießen. Das Alupäckchen wasserdicht verschließen. 20 Minuten bei 180 Grad im vorgeheizten Backofen garen. Lachs aus der Folie nehmen, Sauce in einem Schälchen auffangen und mit einem Klacks Senf anrühren und servieren.

Zu viel Lachs

«Der Salm ist weich und blättert sich, ist aber wegen seines Fettes schwer verdaulich. Für einen kräftigen Magen gibt er eine gesunde Speise und nährt unter allen Fischen am meisten. Vom vielen Genuss des Lachses entstehen sehr oft Magenkrämpfe, die nur ein Vomitiv heilt. Die Salmen sind oft krank und mit Blasen bedeckt, wenn sie ihre Eier geworfen haben. Daher erhielten die Irländer den Aussatz, wie die Ägypter zu Kairo vom Genuss der faulen Fische am Nil.»

Eugen von Vaerst: *Gastrosophie* (1851)

Im Rhein war der Lachs damals so häufig, dass Dienstboten sich vertraglich ausbaten, nicht mehr als dreimal pro Woche Lachs essen zu müssen.

Algenwein

Laminaria – alkoholhaltiges Getränk aus Braunalgen der Ostsee:
22 € pro 0,25-l-Flasche (bei *Ocean Wellness*)

Algenbier

Bière Ambrée aux Algues von Tonnerre de Brest (Frankreich)

Kelpie von Heather Ale Company (Schottland)

Galmaarden Tripel Meesters Bier von Huyghe (Belgien)

Welche Algen gibt's heut Abend, Mama?

Arame (Eisenia bicyclis) ≈ Mild, leicht süßlich im Geschmack. Reich an Zink, Ballaststoffen, Vitamin A und B_2. Gilt als blutreinigend. Zum Salat und zu blanchiertem Gemüse.

Dulse (Palmaria palmata) ≈ Direkt von den irischen Felsen zu essen, in Island mit Butter. Wird auch geröstet oder mit Käse überbacken.

Hiziki (Hizikia fusiformes) ≈ Schwarz und intensiv schmeckend. Reich an Mineralien, hat wie alle Algen kaum Fett und kaum Kohlehydrate. Bei Gemüsegerichten gegen Ende der Kochzeit zugeben.

Kombu (Laminaria japonica) ≈ Dunkelgrün bis braun. Reich an natürlichen Glutaminen, Magnesium und Kalium. Geeignet für Brühen und Suppen: Nach ein paar Minuten Kochen entfernen und weiterverwenden. Passt gut zu süßem Gemüse wie Karotten.

Lato (Caulerpa racemosa) ≈ Kleine Beeren, die wie Kaviar aussehen und auch so schmecken. Schwierig, sie außerhalb der Philippinen zu beziehen.

Laver bread (Porphyra) ≈ Diese sympathische Rotalge wird in Wales mit Butter, Schinken und Zitronensaft gebraten, traditionell aber nicht in einer Eisenpfanne, sondern in einer aus Aluminium. Der Bratenwender sollte aus Holz sein.

Nori (Porphyra tenera) ≈ Die grüne Rotalge kennt man als Einwickelpapier von Sushis und Rolls. Geröstet kann man sie über Salate, Suppen oder Risotto streuen.

Rimurapa (Durvillaea antarctica) ≈ Olivgrüne, vitaminreiche Alge, die sich wie Agar-Agar zum Verdicken verwenden lässt. Hat aber Eigengeschmack und eignet sich für Salate und Suppen. Die Maoris schnitten die großen Blätter auf, um darin Eier der Muttonbirds zu sammeln oder Fisch darin zu garen.

Rehia (Gigartina) ≈ Rötlich, vitaminreich und als Gelatine zu verwenden. An vielen Küsten des Pazifiks zu finden.

Seesalat (Ulva lactuca) ≈ Grün, salatartig. Reich an Vitamin A, 15 Prozent Eiweiß. Kann roh oder wie Spinat gegessen werden. Beliebt auf Hawaii und in Neuseeland.

Wakame (Undoria pinnatifida) ≈ Hellgrün und federartig. Enthält Kalzium und wertvolle Spurenelemente. In jeder Misosuppe zu finden, aber auch in Eintöpfen, Marinaden und Salaten.

Hijaki

Pro Person

30 g	Hijaki (schwarze Algen)	2 EL	Mirin (Reisessig)
1	Abura-age (frittiertes Tofu-Blatt)	1 Prise	Zucker
¼	Karotte		Erdnuss- oder Sojaöl
3 EL	Sojasauce		

Hijaki zehn Minuten in kaltem Wasser einweichen und über ein grobes Sieb (Colander) behutsam entwässern. Karotte stifteln, Abura-age in Streifen schneiden. Öl in einer Pfanne erhitzen, die Algen und Karottenstifte unter Rühren für zwei, drei Minuten anbraten. Abura-age zugeben, dann Mirin, Zucker, Wasser und Sojasauce unter Rühren einkochen. Warm servieren.

Agar-Agar

Die Allzweckwaffe unter den Algen. Ersatz für tierische
Gelatine und also ideal für Vegetarier,
Juden und Moslems, da koscher und rein. Lässt
Speisen bereits bei 45 Grad Celsius
gelieren – gut in tropischen Gegenden,
wo normale Gelatine versagt. Ein halber Teelöffel
ersetzt vier Blatt Gelatine. Geschmack- und geruchlos,
null Kalorien, unverdaulich.
Wird manchmal als Abführmittel
und als Diät benutzt: Einfach ein Glas Agar-Agar
trinken, und man fühlt sich satt. Biologen
lieben Agar-Agar in ihren Petrischalen, denn die
Mikroorganismen,
die sie züchten, sollen nur die
Nährflüssigkeit fressen, nicht das Verdickungsmittel.
Zahnärzte verwenden Agar-Agar,
um Abdrücke zu machen.

Kobumaki

Pro Person

4 Blätter	Kobumaki (Algen)	5 EL	Sojasauce
200 g	Lachs	3 EL	Sake
30 g	Kanpyo (geraspelte Kürbisstreifen)	4 EL	Zucker

Die Algen zehn Minuten lang einweichen (Wasser aufheben). Kanpyo fünf Minuten wässern (Wasser nicht aufheben). Den Lachs auf die Größe der Algenblätter zurechtschneiden, in die gewässerten Blätter einwickeln und mit den Kanpyo-Streifen verschnüren. Die Päckchen in eine Pfanne legen, das aufgehobene Algenwasser zugießen und eine Stunde bei niedrigster Temperatur köcheln lassen. Danach Zucker, Sojasauce und Sake zugeben und noch einmal 30 Minuten simmern.

Lavendeleis mit Agar-Agar

Für vier Personen

2 EL	getrocknete Lavendelblüten	10 g	Agar-Agar
3 EL	Zucker	1	Zitrone

Einen halben Liter Wasser zum Kochen bringen und die Lavendelblüten 20 Minuten ziehen lassen. Blüten entfernen, zwei Minuten abkühlen lassen. Zitronensaft zugeben und Agar-Agar einrühren, bis es sich aufgelöst hat. Zum Kochen bringen, zuckern, noch einmal drei Minuten aufkochen, dabei etwas umrühren und in Gläser füllen. Etwas abkühlen lassen, bevor das Eis ins Eisfach kommt. Lavendel können Sie auch durch Minze oder Rosenblätter ersetzen.

Spirulina

Das ist eine Blaualge, die reichlich seltsam aussieht und auch nicht gut schmeckt – aber sehr gesund ist und und für ein gutes Klima sorgt.
Bereits die Azteken und die Anrainer des Tschadsees aßen das schleimige Zeug. Die korrekt als *Cyanobakterien* zu bezeichnenden wurmartigen Geschöpfe werden als Nahrungsergänzungsmittel verkauft: Mit 20-mal so viel essenziellen Aminosäuren wie Sojasauce, 200-mal so viel wie Rindfleisch, mit neun Prozent Mineralstoffen, viel Protein und noch mehr Vitaminen soll das Pulver gegen Depressionen, hohen Cholesterinspiegel und Übergewicht helfen.
Und was tut Spirulina für unser Klima? Für das Wachstum von einem Kilo dieser Alge werden eineinhalb Kilo Kohlendioxid verbraucht und ein Kilo Sauerstoff produziert. Mehr davon!

Queller (1)

Heißt auch:

Meerfenchel, Seespargel, Meerbohne, Glasschmelz, Salicormia

Wolfsbarsch & Queller

Für vier Personen

4	Fischfilets (z. B. Wolfsbarsch)	100 ml	trockener Wermut
2	Schalotten, gehackt	100 ml	Crème fraîche
100 g	frischer Queller, im Juni an der Nordseeküste gesammelt	1 EL	Butter
			Salz, Pfeffer, Olivenöl

Schalotten im Wermut dünsten, Crème fraîche zugeben und auf die Hälfte einkochen. Im zweiten Topf den Queller für drei Minuten blanchieren, abgießen und zur Sauce geben. Butter hinzufügen und alles pürieren. Mit Salz und Pfeffer abschmecken. Währenddessen die Fischfilets in Olivenöl anbraten. Alles zusammen servieren.

Queller (2)

Queller braucht kein Süßwasser und hat einen Eiweißanteil von 40 Prozent. Das Lebensmittel der Zukunft für trockene Küsten!

Weitere Verwendungszwecke:

≈ als Fischfutter
≈ zu Spanplatten verarbeitet
≈ als Speiseöl
≈ in der Kosmetik
≈ zu Briketts gepresst

Und die Asche setzt den Schmelzpunkt von Glas herab.

Einige Anbaugebiete von Queller

Seawaterfarm, Massawa, Eritrea
Saline Seed, Baja California, Mexiko
Pukuuo Lagoon, Molokai, Hawaii
Green Garden Samphire, Yancheng, China

Katzenhai & Geigenrochen

Fünf Jahre lang kauften Biologen der australischen *Commonwealth Scientific and Industrial Research Organization* (CSIRO) auf indonesischen Fischmärkten ein und entdeckten auf diese Weise bis 2006 sechs neue Hai- und Rochenarten:

≈ Raunasenrochen *(Pastinachus solocirostris)*
≈ Hortles Peitschenrochen *(Himantura hortlei)*
≈ Penggali Geigenrochen *(Rhinobatos penggali)*
≈ Jimbaranesische Schaufelnasenrochen *(Rhinobatos jimbaranensis)*
≈ Balischer Katzenhai *(Atelomycterus baliensis)*
≈ Weißflossen-Glatthai *(Mustelus widodoi)*

Die letzte Fahrt des Düsteren Hais

Stark bedrohte Haiarten:

Sandtigerhai *(Carcharias taurus)* · Riesenhai *(Cetorhinus maximus)* · Weißer Hai *(Carcharodon carcharias)* · Heringshai *(Lamna nasus)* · Walhai *(Rhincodon typus)* · Kleiner Schwarzspitzenhai *(Carcharhinus limbatus)* Düsterer Hai *(Carcharhinus obscurus)* · Großflossen- bzw. Sandbankhai *(Carcharhinus plumbeus)* · Gangeshai *(Glyphis gangeticus)* · Schokoladenhai *(Dalatias licha)* · Sechskiemerhai *(Hexanchus griseus)*

Haifischflossensuppe

Ökologisch und moralisch absolut verwerflich: Den Haien werden die Flossen abgeschnitten, und anschließend werden sie einfach über Bord geworfen, sodass sie zu Hunderttausenden jämmerlich am Meeresgrund verenden. Einige Haiarten sind allein deswegen vom Aussterben bedroht. Dabei haben Haifischflossen kaum Geschmack – der Reiz liegt in ihrer Textur, die so angenehm quallig auf der Zunge zergeht.

300 g Haifischflossen
150 g Hühnerbrustfilet
3 Frühlingszwiebeln
1½ l Fischfond
200 g Bohnensprossen
25 g Schweineschmalz
50 g Schinken
3 EL Reiswein oder Sherry
1 Eiweiß

Kartoffelmehl
Ingwer
Sojasauce
Erdnussöl
Zucker
Senf
roter chinesischer Essig
weißer Pfeffer
Salz

Die Flossen über Nacht in eineinhalb Liter Wasser einweichen. Dann über ein grobes Sieb vorsichtig ausdrücken und mehrmals waschen, bis aller Sand verschwunden ist. In einer Pfanne oder einem Wok mit knapp zwei Litern Wasser aufkochen und zwei Stunden simmern lassen (bei Bedarf Wasser nachgeben). Die Flossen sind gar, wenn sie sich leicht zwischen den Fingern zerreiben lassen.

Währenddessen das Hühnerbrustfilet in mundgerechte Stücke schneiden und die Marinade vorbereiten: Einen Teelöffel Salz, eine gute Prise Zucker und etwas Kartoffelmehl mit einem Schuss Reiswein oder Sherry verrühren und unter das Hühnerfleisch mengen. Eiweiß etwas aufschlagen und

mit einem Esslöffel Speiseöl unterrühren. Alles für eine halbe Stunde marinieren lassen.
Einen Liter Wasser, kleingeschnittenen Ingwer, gespaltene Frühlingszwiebeln, die Hälfte des Schmalzes und einen Schuss Reiswein oder Sherry zum Kochen bringen. Die Haifischflossen dazugeben und eine Viertelstunde lang köcheln. Alles abgießen, nur die Flossen aufheben.

Wok oder Pfanne erhitzen, den Reiswein oder Sherry einschütten und aufkochen, etwas Öl und das restlichen Schmalz zugeben. Mit dem Fischfond ablöschen, die Flossen zugeben und unter Rühren aufkochen. Währenddessen drei Esslöffel Kartoffelmehl, fünf Esslöffel Wasser und zwei Esslöffel Sojasauce vermischen. Zuerst das marinierte Huhn in die brodelnde Suppe geben, dann die Mehl-Sojasauce langsam einrühren. Unter weiterem Rühren etwas einkochen und mit Salz und Sojasauce abschmecken.

Den Schinken in feine Streifen schneiden und mit den Bohnensprossen blanchieren. Abschrecken und mit etwas Senf und Essig in Suppenschalen servieren. Nun gießt sich jeder die fertige Suppe darüber und genießt.

Aber wie gesagt:
Ökologisch und moralisch absolut verwerflich.

15. Mai 1789

Aus dem Logbuch des William Bligh

«Der Anblick
der Inseln verschärfte nur
unser Unglück. Es war, als ob
man vor einem gedeckten Tisch
verhungert. Doch
die Gefahr zu landen erschien
uns größer als die Gefahr,
weiter im Meer herumzuirren.»

Weißwurst von Meeresfrüchten nach Otto Koch

Für vier Personen

für die Weißwurst

250 g	Zwei verschiedene Fische ohne Haut und Gräten oder Meeresfrüchte z.B. Zander, Lotte, Steinbutt, Hummerkrabben, Langustinen, Scampi)
3	Eiweiß
250 g	Sahne
	Salz, Pfeffer
	Schnittlauch, fein geschnitten
1 m	Schafsaitlinge (beim Metzger bestellen)

für das Gemüse

3	Schalotten, fein gehackt
30 g	Butter
300 g	junge Wirsingblätter, geschnitten
1/8 l	heller Kalbsfond
125 g	Sahne
	Salz, Pfeffer

für die Senfsauce

¼ l	Fischfond
250 g	Sahne
100 ml	trockener Weißwein
50 g	Butter
2 TL	Dijon-Senf oder «Moutarde de Meaux»
	Salz, Pfeffer

für das Tomatenconcassée

2	Schalotten, fein geschnitten
½	Knoblauchzehe, fein geschnitten
30 g	Butter
3	Tomaten, geschält, entkernt und gewürfelt
	Salz, Pfeffer
	Basilikumblätter, fein geschnitten

Fische und Meeresfrüchte pürieren, mit Eiweiß und Sahne mischen, mit Salz und Pfeffer abschmecken. Schnittlauch unterheben. Die Fischfarce mit einem Spritzbeutel in die Saitlinge füllen, zehn Zentimeter lange Würste abdrehen und in Salzwasser vier Minuten gar ziehen lassen. Abschrecken und die Haut abziehen. Für die Senfsauce Fischfond, Sahne und Weißwein einkochen. Die Butter einschlagen, den Senf einrühren und abschmecken. Vor dem Servieren kurz aufmixen.

Als Gemüsebeilage die Schalotten in Butter anschwitzen, die geschnittenen Wirsingblätter dazugeben und einige Minuten dünsten. Mit dem Kalbsfond ablöschen und mit der Sahne aufgießen. Den Wirsing zugedeckt langsam weich dämpfen. Für das Tomatenconcassée Schalotten und Knoblauch in Butter andünsten. Vor dem Anrichten die Tomatenwürfel dazugeben, kurz schwenken, mit Salz, Pfeffer und Basilikum abschmecken. Die enthäuteten «Weißwürste» im Dampf erwärmen, auf dem Wirsing anrichten und die Senfsauce angießen.

Legendäre Austernliebhaber

Casanova – 50 Austern vor einem Abenteuer
Balzac – 100 Austern zum Mittagessen
Bismarck – 150 Austern zum Abendessen
Ludwig XIV. – 400 Austern vor der Hochzeitsnacht
Cäsar Vitellius – 1000 Austern bei einem Gastmahl

Austernmesser

Boston Stabber – für große Pazifische oder Amerikanische Austern
Galveston Messer – für Pazifische Austern und die brachiale Methode
Austernbrecher – mit kleiner Klinge und Manschette für kleinere Austern (z. B. Laguiole)

Austern öffnen

Brutal ≈ Mit einer Beißzange aus dem Werkzeugkasten ein Stückchen aus dem Schalenrand brechen, dann mit einem schmalen Messer in die Muschel stechen und den Gelenkmuskel durchtrennen.

Klassisch ≈ Schlagen Sie eine Serviette mehrfach ein. Nehmen Sie die Auster in die behandschuhte linke Hand, mit der gewölbten Seite nach unten und dem Steg nach innen. Trennen Sie mit einem Austernmesser die Schale an der rückwärtigen Nahtstelle, des Messers Schneide auf Höhe des Gelenks zwischen den beiden Muschelhälften. Durchtrennen Sie das Gelenkband, das die geschlossene Auster zusammenhält, ohne die Schalen anzuheben. Das Messer ist nun an der oberen Austernhälfte entlangzuführen, um diese von der unteren Hälfte abzulösen und zu entfernen. Da sich in der Schale außer dem Fleisch auch Meerwasser befindet, sollte die Auster stets waagerecht gehalten werden. Das Meerwasser, das sich noch in der unteren Austernhälfte befindet, ist abzugießen. Kleinere Schalensplitter sind mit der Messerspitze zu entfernen.

Austern in New York

«Unmöglich zu beschreiben, wie es in der Bucht von kleinen und großen Fischen nur so wimmelt: Wale, Thunfische, Schweinswale, gewaltige Fischschwärme. Adler und andere Raubvögel kreisen über der Wasseroberfläche, um sie zu fangen.»

Jasper Danckaerts, 1680

«Das Meer um New York bringt jedes Jahr Unmengen von Austern hervor. Man findet sie vor allem dort, wo der Grund schlammig ist. Seltener im Sand und kaum in Kies und Felsen.»

Peter Kalm, 1748

«Die Lampen der Austernkeller werfen rotes Licht auf die andere Straßenseite. Diese Keller sind der neuste Schrei, überall sieht man eine Rotte halbbetrunkener junger Männer vor ihrem Eingang. Sie sind unterwegs zum Theater, dem Spielsalon, einer Bowling-Bar oder dem nächsten Bordell, bzw. zu allen von ihnen. Einige übergeben sich in den Einfahrten, zu viele Austern und schlechter Schnaps. In ihren schlecht riechenden Mündern gewaltige Zigarren von der Art, die der Barkeeper als ‹voll im Geschmack› anpreist.»

George F. Foster, 1850

«Die Armen essen Krabben und Austern am Strand. Oder Süßigkeiten und Fleisch an den Tischen, die von den Hotels aufgestellt worden sind. Die Reichen verschwenden Unsummen für etwas Weinähnliches und für merkwürdige, schwere Speisen, die wir, das Kunstvolle und Leichte gewöhnt, verschmähen würden. Diese Leute bevorzugen Quantität, wir Qualität.»

José Marti, 1881

Austernweltmeister 2006

Beim *Galway International Oyster Festival* müssen 30 Austern geöffnet werden. Neben Schnelligkeit zählt auch die Erscheinung – und für Blut und Bruch gibt's Strafsekunden.

Michael Moran (Irland) 2:21
Hasse Johannsesson (Schweden) . . 2:40
Frederick Lindford (Großbritannien). 3:10
Ben May (Australien). 3:13
Heini Petersen (Norwegen). 3:18
Bernand Gonthier (Frankreich). 3:40
Xavier Caille (Belgien). 3:42
Scott Stiles (USA). 3:47
Jason Woodside (Kanada). 3:51
Karsten Bonde (Dänemark). 3:53
Olli Karvonen (Finnland). 4:20
Urs Mueller (Deutschland). 4:24

Austernsorten

Flache Austern (die besseren)
Frankreich ≈ Marennes, Bouzigue, Gravettes d'Arcachon und Belon-Austern (gelten als die besten der Welt)
Holland ≈ Imperial- und Zeeland-Auster
Belgien ≈ Ostender Auster
Dänemark ≈ Limfjordauster
England ≈ Colchesters und Whitstables («Native Oysters»)
Irland ≈ Austern aus Galways und Cork

Tiefe Austern
Deutschland ≈ Sylter Royal
Frankreich ≈ Fine de claire
China, Japan ≈ Pazifische Felsenauster
USA ≈ Box Oyster, Atlantic Oyster, Austern von Blue Point Long Island, Cape Cod, Chatam und Kent Island

Auf Wiedersehen, Auster!

Die *Europäische Auster* galt lange als die Königin der Meere. Von Norwegen bis zum Schwarzen Meer siedelte diese Delikatesse. Im 19. Jahrhundert begann dann die *Portugiesische Auster* diese bereits völlig überfischte Molluske zu bedrängen. Zwei Viren machten schließlich beiden Arten den Garaus: Die Austernkrankheit vernichtete Anfang der 70er-Jahre des letzten Jahrhunderts die Bestände. Bis im August 2005 die *FFS Walther Herwig III.*, ein Schiff der Bundesforschungsanstalt für Fischerei, vor Helgoland einen sensationellen Fund machte: Ein einzelnes Exemplar von *Ostrea edulis,* der Europäischen Auster.

Herzlich willkommen, Auster!

In den 60er-Jahren wurde die *Pazifische Auster* als Ersatz für die im Wattenmeer der Nordsee ausgestorbene *Europäische Auster* in Aquakulturen gezüchtet. Da sie wärmeres Wasser braucht, sollte sie dort wohl auch bleiben.

Dachten die Züchter.

Doch 1998 wurden zwei Pazifische Austern im Wattenmeer von Niedersachsen gefunden. 2003 waren es schon 60 000, und für 2007 wird der Bestand auf zwei Millionen geschätzt. Die warmen Winter sind schuld.

16. Mai 1789

Aus dem Logbuch des William Bligh

«Zu-
sätzlich zu unserer
winzigen Portion von einem
Fünfundzwanzigstel eines Brotes und
einem Viertel Pint Wasser für jeden spen-
dierte ich heute eine Unze gepökeltes Schwein.
Ich griff öfter auf das Schweinefleisch zurück, es schien
mir besser, es in kleine Happen aufzuteilen, als
es in wenigen Tagen zu ver-
brauchen.»

Austernsteak

Pro Person

1	Steak (Rib-Eye), 4 cm dick	250 ml	Rinderbrühe
2	Austern	2 TL	Worcestersauce
	Petersilie	60 g	Butter
	Zitronensaft		Öl

Schneiden Sie mit einem scharfen Messer eine Tasche in jedes Steak. Petersilie, Zitronensaft und schwarzen Pfeffer mischen und mit den Austern (natürlich ohne Schale!) in die Steaktasche stopfen. Mit Zahnstocher oder Faden verschließen. Öl in einer schweren Pfanne erhitzen, Steaks von jeder Seite zwei Minuten braten, Hitze runterschalten und abgedeckt zwei bis sechs Minuten garen lassen: für rare, medium oder well-done. Rinderbrühe und Worcestersauce aufkochen, Butter bei schwacher Hitze einrühren und über die Steaks gießen. Dazu passen Zuckererbsen, Rosenkohl, Mais und Rotwein.

Walprodukte

Fett des Pottwals ≈ Öl für Uhren und Getriebe, Glycerin, Kosmetika, Medikamente und als Lampenöl – bis 1860

Ambra aus dem Magen des Pottwals ≈ für Parfum – bis heute (17 € das Gramm)

Walrat aus der Kopfhöhle des Pottwals ≈ für Kerzen und Schmiermittel. Für Kosmetika – bis 1982. Heute dient Jojoba-Öl als Ersatz

Waltran ≈ für Nitroglyzerin und in der Margarine – bis 1960

Innereien ≈ Lebertran, Gelatine, Hormonpillen, Fischextrakt, Leim, Tennisschlägerbespannung – bis 1982

Barten des Bartenwals ≈ als Fischbein in Korsetts, für Schuhlöffel, Zigarettenspitzen und Angelruten – bis circa 1931

Vorhaut des Wals ≈ als Leder – bis 1954

Barhocker mit Walvorhaut

Aristoteles Onassis, einst Walfänger, ließ auf seiner berühmten Yacht *Christina O*, benannt nach seiner Tochter, die Barhocker mit Leder aus der Vorhaut von Walen bespannen. Darauf saßen Winston Churchill, John F. Kennedy, König Farouk von Ägypten, Marilyn Monroe, Greta Garbo, Grace Kelly, Elisabeth Taylor, Richard Burton, Frank Sinatra, Maria Callas, John D. Rockefeller, John Paul Getty und Eva Peron. Die Yacht kann heute gemietet werden und kostet etwa 70 000 $ pro Tag oder 10 000 $ pro Person.

Lang lebe Lebertran

Die wertvollen Omega-3-Fettsäuren im Lebertran mit ihrem hohen Anteil an Vitamin A und Vitamin D sind gut für Herz, Haut und Haare. Um aber eine Überdosis Vitamin D zu vermeiden, sollte man Lebertran nur im Herbst und Winter zu sich nehmen, denn im Sommer produziert der Körper selbst – vom Sonnenlicht angeregt – genügend Vitamin D.

Walsteak

Für vier Personen

- 4 Walsteaks à 150 g
- 1 Frühlingszwiebel
- 1 Gewürzgurke
- Butter
- Petersilie
- roter oder grüner Pfeffer

Die Walsteaks sollten etwa eineinhalb Zentimeter dick sein und mit der Hand flach geklopft werden. Butter erhitzen und die Steaks vier bis fünf Minuten von jeder Seite braten. Salzen und pfeffern. Mit Petersilie, Frühlingszwiebelringen und Gewürzgurke servieren. Bratkartoffeln, Salat und Wodka passen gut dazu.

Für Liebe gemacht

Traditionelle und völlig nutzlose Aphrodisiaka

Aal (England) · Abalone (Asien) · Austern (Europa) · Blaubarsch (Kanada) · Fugu (Japan) · Haifischflosse (China) · Hummer (USA) Kaviar (Europa) · Lachs (Europa) · Meeresschildkröten und ihre Eier (Sri Lanka) · Seegurke (Tasmanien) · Seeigel (Frankreich) Seepferdchen (China) · Tiefsee-Anglerfisch (Chile) Venusmuschel (Japan, Italien)

Seepferdchenarten, die auf der Roten Liste der Weltnaturschutzunion (IUCN) stehen und deren Fang, Verkauf, Verzehr verboten ist

Alle. Es gibt 30 bis 50 Arten, so genau weiß das keiner.

Seepferdchen, die trotzdem gefangen, verzehrt oder als Souvenir verkauft werden

24 Millionen pro Jahr

Verbrauch von Seepferdchen in der traditionellen chinesischen Medizin

16 Millionen Exemplare pro Jahr – angeblich hilft Seepferdchenpulver gegen Mattigkeit, Nervosität, Herz- und Kreislaufbeschwerden, Hautausschlag und Atemwegsprobleme.

Meeresgetier, das man laut World Wildlife Fund (WWF) lieber nicht mehr essen soll

Alaska-Seelachs aus dem Nordwest-Pazifik ≈ zu viel Beifang im Schleppnetz bei diesem typischen Fischstäbchen-Fisch
Nordseekrabbe ≈ erste Anzeichen für Überfischung und viel Beifang
Miesmuschel ≈ zu viel Fang in Schutzgebieten, die natürlichen Muschelbänke werden zerstört
Sardine ≈ in Atlantik und Pazifik überfischt – aus dem Mittelmeer unbedenklich

Meeresgetier, das man laut WWF auf keinen Fall essen soll – es könnte das Letzte seiner Art sein

Atlantischer Lachs ≈ überfischt – sehr selten – viel Beifang
Dornhai (Schillerlocken) ≈ steht auf der *Roten Liste* der bedrohten Tierarten
Rotbarsch ≈ überfischt – wird erst mit elf Jahren geschlechtsreif, kann also schnell aussterben
Flussaal ≈ Bestände kurz vor dem Zusammenbruch
Heilbutt ≈ im Nordatlantik überfischt – wie alle Tiefseefische spät geschlechtsreif, kann also schnell aussterben – im Beifang andere, ebenfalls bedrohte Tiefseefische
Kabeljau (Dorsch) ≈ überfischt – viel Beifang – vor Neufundland fast ausgestorben ≈ Aussterben in Nord- und Ostsee befürchtet
Schellfisch ≈ in der Nordsee ist der Bestand noch in Ordnung – im Nordatlantik überfischt – viel Beifang bedrohter Arten
Scholle ≈ überfischt – dreimal so viel Beifang wie Scholle
Seezunge ≈ überfischt – drei- bis sechsmal so viel Beifang wie Seezunge
Seehecht ≈ überfischt – viel Beifang
Thunfisch ≈ Gelbflossenthun aus dem Pazifik ist im Bestand noch in Ordnung – Blauflossenthun und andere Thuns jedoch stark bedroht – im Beifang Meeresschildkröten und Delphine
Wittling ≈ überfischt – viel Beifang

Meeresgetier, das man laut Greenpeace noch essen darf

≈ Hering
≈ Makrele
≈ Nordsee-Seelachs *(Pollachius virens)*
≈ Eismeergarnelen *(Pandalus borealis)*
≈ Alaska-Seelachs, Alaska-Wildlachs und Pazifischen Heilbutt nur mit MSC-Siegel. Der *Marine Stewardship Council* hat es sich zur Aufgabe gemacht, die weltweiten Fischbestände zu sichern.

17. Mai 1789

Aus dem Logbuch des William Bligh

«Am Abend beklagten sich alle, einige verlangten Extraportionen, die ich aber verweigerte. Unsere Situation war erbärmlich: Immer nass, nachts schrecklich kalt, ungeschützt vor dem Wetter. Wir schöpften dauernd Wasser, damit das Boot nicht volllief. Der Rum kam uns dabei zu Hilfe. In den fürchterlichsten Nächten gab ich einen aus.»

Uskumru Dolmasi

Gefüllte Makrele auf türkische Art
für sechs Personen

2 kg	Makrele (große, frische Fische), ausgenommen
6	große Zwiebeln, gehackt
4	Eier
3	Tomaten
3	Zitronen (unbehandelt)
100 g	Walnüsse
25 g	Pinienkerne
25 g	Koriandersamen
1	Bündel Dill, gehackt
1	Bündel Petersilie, gehackt
4	Scheiben Weißbrot
	Öl
	Salz
	Pfeffer

Mit einer Schere die Seitenflossen der Makrelen abschneiden. Einen Zentimeter oberhalb der Schwanzflosse die Rückengräte brechen und sie ein zweites Mal unterhalb des Kopfes durchtrennen – dabei muss der Kopf aber noch am Körper bleiben. Die Makrelen mit beiden Händen über den Tisch rollen und mit dem Zeigefinger von unten nach oben streichen, damit sich die Rückengräte vom Fleisch lösen lässt. Die Rückengräte mit dem Daumen aus dem Fleisch drücken, dabei von unten beginnen. Möglichst viel Fleisch möglichst sanft herausschaben – Fischhaut und Kopf müssen intakt bleiben. Den hohlen Fisch in ein großes Gefäß geben, mit Salz bestreuen und mit kaltem Wasser bedecken. Bei Zimmertemperatur 30 Minuten beiseitestellen.

Danach das Fischfleisch waschen und mit Papier trocknen. Öl in einer Pfanne erhitzen und die Zwiebeln langsam weich und leicht braun braten. Nun die Pinienkerne und Walnüsse bei niedriger Temperatur zwei Minuten mitrösten. Fischfleisch, Koriandersamen und zerbröseltes Weißbrot einrühren, salzen und pfeffern und unter Rühren fünf Minuten bei niedriger Hitze braten. Pfanne vom Feuer nehmen, Dill und Petersilie einrühren.

Ofen auf 200 Grad vorheizen. Fischhülle abspülen und mit Papier trocknen. In eine geölte, feuerfeste Terrine legen und die Füllung in die Fischhaut packen. Mit Tomaten- und Zitronenscheiben garnieren und etwa 25 Minuten backen.

Das beste Meersalz

Laut einer Blindverkostung des Feinschmeckermagazins A la carte.
Preise pro Kilo

1. La Saunier de Camargue, Frankreich	€	63,20
2. Maldon, England	€	11,70
3. Halen Môn, Wales	€	89,90
4. Danival, Sel Marin, Frankreich	€	1,99
5. Flor de Sal, Spanien	€	47,60
6. Schenkel, Griechenland, jodiert	€	2,98
7. Sale di Mothya, Italien	€	5,28
8. Sal de Ibiza, Spanien	€	100,00
9. Rapunzel, Spanien, nicht raffiniert	€	2,38

Profitraten der Ostende-Kompanie im Gewürzhandel

Schiffsname	Gewinn oder Verlust in Prozent
Charles Galley, 1715	+100
Prins Eugenius, 1718	+189
Keyser Carolus VI., 1718	−50
St. Joseph, 1719	+84
Prins Eugenius, 1719	Totalverlust, da gekapert
Stahrenberg, 1719	−30
Stadt Weenen, 1720	+56
Keyzerine Elisabeth, 1720	−16 (Schiffbruch)
Carolus Sextus, 1723	+104
Concordia, 1727	+217

Shell

London, 1851: Marcus Samuel lässt Muscheln auf Kästchen kleben, die er als Souvenir an Strandtouristen verkauft. Bald nimmt er weitere Produkte in sein Sortiment auf – Straußenfedern, Pfeffer, Spazierstöcke –, aber der Name bleibt: Shell. Sein Sohn ist ebenfalls ein leidenschaftlicher Muschelsammler, den es 1892 ans Kaspische Meer zieht. Und während Marcus junior dort am Strand herumwandert, kommt ihm *die* Geschäftsidee: Lampenöl aus Russland in den Fernen Osten zu exportieren. Das Geschäft läuft gut, und Marcus Samuel exportiert das Öl bald auch Richtung Westen. Er lässt die *Murex* bauen, den ersten Tanker, der den Sicherheitsbestimmungen der Suezkanal-Behörde entspricht. 1907 fusioniert Samuel's Firma mit der Royal Dutch Company zur Royal Dutch Shell. Sie haben Glück, Öl wird mittlerweile nicht mehr nur für Lampen gebraucht. Hundert Jahre später ist Shell der achtgrößte Konzern der Welt.

Eigentlich sind wir alle Analphabeten

Die meisten Markenlogos bestehen aus Buchstaben – nicht aber die erfolgreichsten

≈ das Shell-Logo (*Pecten* genannt)
≈ der *Swoosh* von Nike,
≈ die drei Streifen von Adidas und
≈ der Mercedes-Stern.

Kahelelani

Sie sehen aus wie das Shell-Logo in klein, sie sind farbenprächtig, es gibt sie nur auf Kauai (Hawaii) – und sie kosten bis zu 600 Dollar: die *Sunrise Shell* (Langfords Pecten).

Wie man Fische fängt

Die oft kilometerlangen *Schleppnetze* werden hinter dem Fangschiff hergezogen. Grundschleppnetze verwüsten den Meeresboden durch ihre Rollen; bei Baumkurren hält ein Stahlbaum das Netz offen, und eine Eisenkette scheucht die Fische aus dem Boden – indem sie die oberste Schicht des Meeresbodens umpflügt. Bei beiden Methoden landet bis zu viermal so viel Beifang wie Beute im Netz. Schleppnetzfischerei im freien Wasser ist weniger verheerend.

Mit *Ringwaden* werden ganze Schwärme eingeschlossen. Das untere Netzteil wird zusammengezogen, die Fische sind wie in einem großen Beutel gefangen. Im Beifang landen auch Meeressäuger.

Ein feinmaschiges *Stellnetz* wird wie eine Wand im Wasser aufgestellt, in der sich wandernde Fische mit Kiemen oder Flossen verfangen. Es gibt wenig Beifang anderer Fische, aber dafür z. B. sehr viel an Kleinwalen.

Ein *Treibnetz* schwebt wie eine Wand im Wasser; viel Beifang in Form von Meeressäugern, Schildkröten und Haien. Treibnetze sind inzwischen weitgehend verboten.

Langleinen können 100 Kilometer lang sein und insgesamt bis zu 20 000 Köderhaken besitzen, an denen sich auch Seevögel verschlucken: Alle fünf Minuten verendet ein Albatros an einem Langleinenhaken.

Reusen sind auf dem Meeresboden verankerte Netzschläuche. Mit einem oder mehreren Leitnetzen werden die Fische zum Eingang der Reusen geleitet. Ökologisch fast unbedenklich.

20 Millionen Tonnen Beifang jährlich

Darunter sind 300 000 Wale und Delphine. Allein aus der Nordsee werden Jahr für Jahr 8000 Schweinswale als Beifang gezogen – die Überlebenschance für einen einmal gefangenen und wieder über Bord geworfenen Wal ist sehr gering.

Schwimmende Insel (1)

«Im Januar 1988 waren zwei Gefährten und ich eines Tages in einem Boot auf halber Strecke zwischen zwei Inseln im Südchinesischen Meer, als wir vor uns im Wasser etwas Merkwürdiges erspähten: einen fransigen Fleck wie treibende Algen oder die Spitze eines Riffs bei einsetzender Ebbe. Wir kannten die Gegend gut; wir waren weit draußen in einer tiefen Fahrrinne, wo es keine Riffe gab. Rätselhaft waren auch die Possen einer kleinen Feenseeschwalbe, die dort stand und in einem fort mit den Flügeln schlug, als müßte sie auf diesem Fleck eine schwierige Balanceleistung vollbringen. Als wir näher kamen, konnten wir es schon riechen, bevor wir ihn schließlich als eine Masse verwesender Tiere identifizierten. Wir konnten Fische, einen jungen Delphin und verschiedene Vogelkadaver ausmachen. Das verzweifelte Geflatter der Seeschwalbe nahm mit unserem Näherkommen zu, und wir erkannten jetzt, daß ihre Füße sich in den nahezu unsichtbaren Maschen eines Geisternetzes verfangen hatten, einem Stück Treibnetz, das weiterschwimmt und fast jedes Tier fängt, das damit in Kontakt kommt. Mit einiger Mühe befreiten wir die kleine Seeschwalbe, während der Boden des Boots über Nylon und Flossen strich und weich an die schwereren Leichen stieß. Sonst war nichts zu machen. Früher oder später, wenn die Fäulnisgase entwichen waren, würde die Masse unter ihrem eigenen Gewicht sinken, bis sich frisches Gas bildete oder die schwereren Inhalte so weit zerfielen, daß sie zwischen den Maschen hindurchrutschten. Dann würde das Ganze abermals an die Oberfläche steigen.»

James Hamilton-Paterson: *Seestücke*

Schwimmende Insel (2)

«Die Insel hatte keinen Grund. Nicht dass die Bäume im Wasser gestanden hätten. Sie wuchsen anscheinend auf einem undurchdringlichen Geflecht von Pflanzen, die ebenso leuchtend grün waren wie das Laub. Wer hatte je von einem Land ohne Erdboden gehört? Wo Bäume auf anderen Pflanzen wuchsen? ... Ich vergewisserte mich, dass keine Haie in der Nähe waren. Ich drehte mich auf den Bauch, hielt mich an der Plane fest und streckte langsam ein Bein nach unten. Mein Fuß tauchte ins Wasser. Es war angenehm kühl. Die Insel lag nur ein klein wenig tiefer und schimmerte im Wasser ... Der doppelte Schock von festem Untergrund und kühlem Wasser brachte mich genügend zur Besinnung, dass ich mich auf die Insel schleppen konnte ... Was war dieses merkwürdige Röhren-Seegras mit seinen endlosen Windungen? Konnte man es essen? ... Ich biss hinein. Es war ein Schock. Die innere Röhre war bitter und salzig – aber die äußere war nicht nur genießbar, sie schmeckte wunderbar ... *süß* ... Ich aß so viel, dass bald um mich herum ein regelrechter Graben klaffte. Ein einzelner Baum stand etwa sechzig Meter weit entfernt. Es war der einzige Baum nahe am Wasser; die anderen standen oben auf der Anhöhe, die recht weit fort schien. Obwohl das Wort Anhöhe vielleicht eine zu große Erhebung erwarten lässt. Die Insel war, wie gesagt, flach ... Die Bäume wuchsen tatsächlich auf den Algen ... Nirgendwo eine Spur von Erde ...
Es war eine Fleisch fressende Insel. ... Die Insel lockte Meeresfische in ihre unterirdischen Gänge – wie, weiß ich nicht; vielleicht stürzten die Fische sich ebenso gierig auf die Algen wie ich. Sie gerieten in die Falle.»
Yann Martel: *Schiffbruch mit Tiger*

18. Mai 1789

Aus dem Logbuch des William Bligh

«Morgens ließ der Regen nach. Wir zogen unsere Pullover aus und trockneten sie. Jeder hatte Schmerzen in den Knochen. Überraschenderweise war noch keiner gestorben. Morgens, mittags und abends gab es das übliche Fünfundzwanzigstel eines Brotes und ein Viertelpint Wasser.»

Schwimmende Insel (3)

«Und wir kamen zur Insel Aiola. Diese bewohnte Aiolos, Hippotes' Sohn, ein Freund der unsterblichen Götter. Undurchdringlich erhebt sich rings um das schwimmende Eiland. Eine Mauer von Erz und ein glattes Felsengestade.

Kinder waren ihm zwölf in seinem Palaste geboren, Lieblicher Töchter sechs und sechs der blühenden Söhne. Und er hatte die Töchter den Söhnen zu Weibern gegeben. Bei dem geliebten Vater und ihrer herrlichen Mutter Schmausen sie stets, bewirtet mit tausend köstlichen Speisen.»

Homer: *Odyssee, 10.Gesang*

Heringspasteten

Für vier Personen

125 g	Hering, in Milch eingelegt	50 g	Saure Sahne
250 g	Weizenmehl	1	Zwiebel, gehackt
125 g	Butter	1 TL	Zucker
150 g	Kartoffeln, gekocht		Pfeffer
2	Eigelb		Salz

Mehl, die Hälfte der Butter, ein Eigelb und 35 Gramm Saure Sahne verkneten. Den Teig ein bis zwei Stunden im Kühlschrank lagern. Danach dünn ausrollen, in handgroße Quadrate schneiden und zu Taschen formen. Hering, Zwiebel und Kartoffeln pürieren, restliche Saure Sahne, ein Eigelb, Zucker, die andere Hälfte der Butter und Pfeffer unterrühren und als Füllung in die Teigtaschen geben. Mit Eigelb bestreichen und 20 Minuten bei 200 Grad backen. Very british.

Furzende Heringe

Pazifischer und Atlantischer Hering *(Clupea pallasii* und *Clupea harengus)* geben Geräusche von sich. Die Marinebiologen Ben Wilson, Robert S. Batty und Lawrence M. Dill stellten fest, dass die meist nächtlichen Signale eine Frequenz von 1,7 bis 22 kHz hatten und 0,6 bis 7,6 Sekunden andauerten. Die Heringe schwammen während der Untersuchung in einem 500-Liter-Aquarium. Die Amplitude ließ sich nicht exakt messen, doch die drei Forscher gehen von einem Geräuschdruck von 143 dB re 1 μ Pa bis 1,8 Meter aus.

Zu Recht erhielten Ben Wilson, Robert S. Batty und Lawrence M. Dill für ihre bahnbrechende Forschungsarbeit den Ig-Nobelpreis für Biologie 2004. Wir gratulieren nachträglich.

Im selben Jahr wurde übrigens auch Jillian Clarke mit dem Ig-Nobelpreis für Gesundheitspolitik ausgezeichnet. Sie erforschte, ob auf den Boden gefallene Speisen, die in weniger als fünf Sekunden wieder aufgehoben werden, von Mikroorganismen befallen sind. Frau Clarke hatte bei ihrem Experiment große Probleme, denn der Boden ihrer Universität war nicht dreckig genug. Erst als er entsprechend präpariert worden war, konnte sie festhalten: Ob das Butterbrot fünf Sekunden oder fünf Minuten auf dem Boden liegt, hat keinen Einfluss auf den Mikrobenbefall. Die Fünf-Sekunden-Regel, die in den USA viele Anhänger hat, soll übrigens auf Dschingis Khan zurückgehen. Der allerdings war etwas großzügiger – er aß sein Essen auch noch zwölf Stunden, nachdem es heruntergefallen war.

Käpt'n Blaubärs Spezialitäten

Helgoländer Heringstorte ≈ Zorx mit Mürrschlampf ≈ Miese Miesmuscheln ≈ Unsichtbare Suppe ≈ Morgenmuffelmilch ≈ Bärchenpuffer mit Fisimatenten ≈ Bärentatzen ≈ Schokoquark ≈ Blaubärpfannkuchen mit Vanilleeis ≈ Würzige Bärenhappen ≈ Eierigel ≈ Gefüllte Schinkenzigarren ≈ Würstchen im Bärenkostüm ≈ Bäreneintopf ≈ Kartoffelklöße mit Zimtzucker ≈ Lustige Fliegenpilze ≈ Fleischwurstnudeln

Mockturtle Soup

Für vier bis sechs Personen

1 kg	Ochsenschwanz (oder Rinder- oder Schweinegulasch oder Hühnchen oder Kutteln oder Kalbskopf oder Kalbsfüße)
½ Tasse	Olivenöl (Variante: zur Hälfte ersetzt durch Butter)
1	Zwiebel, gehackt
2	hartgekochte Eier
4	Champignons
3 EL	Mehl (für die traditionelle Variante)
4 bis 5	Frühlingszwiebeln, gehackt
½ l	Fleischfond/Hühnerbrühe
200 g	geschälte Tomaten
½ Bd.	Petersilie, gehackt
1 Stange	Sellerie, gehackt

Das Fleisch in kleine Stücke hacken und kurz anbraten, beiseitestellen. Zwiebeln in einem großen Topf anbraten, Mehl zugeben und anschwitzen, nacheinander Tomaten, Sellerie, Petersilie, Frühlingszwiebeln, Pilze, Eier und Brühe zugeben. Fleisch in den Topf geben und sehr weich kochen – das kann bis zu zweieinhalb Stunden dauern! Dann nach Belieben würzen (Pfeffer, Sherry).

Dieses Gericht aus dem 19. Jahrhundert diente als Ersatz für die echte und teure Schildkrötensuppe. Anstelle der Grünen Seeschildkröte wurden Kalbsköpfe und Innereien serviert. Heute begnügt man sich in der Regel mit Ochsenschwanz. Wie bei vielen Suppen schwört jeder auf andere Zutaten. Wir schwören auf die oben genannten.

Maden für die Nase

Mit welchen Ködern man welche Fische fängt

Tauwurm ≈ Aal, Barsch, Brassen, große Rotaugen (Plötze), Karpfen, Rutte, Zander (Schill)

Mistwurm ≈ Schleie, Aland, Karausche

Mistwurm im Bündel ≈ Aal, Rutte, Barsch

Mehlwurm ≈ Rotfeder, Brasse, Rotauge

Made ≈ Aland, Brassen, Barsch, Nase, Rotfeder, Rotauge, Schleie

Mückenlarve ≈ Rotauge

Mais ≈ Karpfen, Brassen, große Rotaugen

Wurm ≈ Aal, Aitel (Döbel), Äsche, Bachforelle, Bachsaibling, Barbe, Barsch, Brachse (Blei), Karpfen, Nase, Nerfling, Regenbogenforelle, Rotauge, Rotfeder, Rutte, Rapfen (Schied), Schleie, Wels (Waller)

Teig (Pasta, Brot) ≈ Aitel, Barbe, Karpfen, Nase, Nerfling, Regenbogenforelle, Rotauge, Rotfeder, Schleie

tote Köderfische ≈ Aal, Aitel, Bachforelle, Bachsaibling, Barsch, Hecht, Huchen, Rapfen, Regenbogenforelle, Rutte, Seeforelle, Seesaibling, Wels, Zander

Und für die Gourmets unter den Opfern:
Fischfetzen ≈ für Aal, Barsch und Rutte
Käse ≈ für Barbe, Döbel und Schleie
Mais und *Kartoffeln* ≈ für Karpfen
Shrimps ≈ für Lachs

Anglerlatein

Blinker ≈ der traditionelle Köder, ein metallisches Oval, oft eingedellt und mit Perlen und Federn verziert

Jerkbait ≈ täuschend echt aussehende Fischimitate, die der Angler zum Zucken bringt

Wobbler ≈ hölzerne oder Kunststofffische mit jeweils einem Drillingshaken an der Unterseite und der Schwanzflosse. Es gibt schwebende, schwimmende und sinkende Wobbler.

Spinner ≈ rotierender Metallkörper mit Drillingshaken

Wie man fliegende Fische fängt

Eine Empfehlung des Agrarministeriums von Barbados

Man stelle den Motor aus und lasse das Boot treiben. Man nehme ein Seil und verknote alle 200 bis 400 Meter eine Zuckerrohrstange. Diese *screelers* halten das Seil an der Oberfläche, wenn es nun vom treibenden Boot langsam ins Wasser gelassen wird. Man hänge nun ein Körbchen mit kleinen Fischstücken als Köder darin an die Außenwand des Bootes. Das Körbchen wird regelmäßig geschüttelt, sodass kleinere Köder herausfallen. Zuckerrohr und Köder locken fliegende Fische an. Sind genügend versammelt, lasse man ein sogenanntes Kiemennetz neben dem Boot treiben. Die *screelers* werden nun langsam eingeholt und die Fische damit ins Netz gelockt. Meist passen die Köpfe durch die Maschen, der Rest jedoch nicht. Durch die heftigen Befreiungsversuche der Fische verklemmt sich das Netzgespinst hinter ihren hornartigen Kiemendeckeln.

Frauen und Fisch (I)

Rekorde von Anglerinnen

Sarah Halley
≈ fing 1955 den größten jemals gelandeten Barrakuda . . . . 30,05 Kilo.

Lillian Scott
≈ hatte 1980 einen Riesenjudenfisch am Haken . . . . 205,93 Kilo.

Maria Thomani
≈ fing 1994 einen Blauen Marlin . . . . 430,92 Kilo.

Das alles sind bestehende Weltrekorde und keine Damenmeisterschaften. Hinzu kommen noch die Landesrekorde wie etwa der britische von *Georgina Ballantine,* deren 1922 geangelter Lachs . . . . 29,09 Kilo wog.

Clementina Morison gelang es im Fliegenfischen – der Gentleman-Disziplin des Angelns – einen richtig großen Lachs zu landen. Leider konnte erst am nächsten Tag eine passende Waage aufgetrieben werden, bis dahin hatte der Fang schon etwa ein Kilo an Gewicht verloren. Der betrug aber immer noch beeindruckende . . . . 27,73 Kilo.

Frauen und Fisch (II)

Warum fangen Frauen die größten Fische?

«Wenn Frauen angeln, halten sie sich daran, was der Fischführer ihnen erklärt. Männer meinen, es besser zu wissen. Deshalb fangen bei einem Pärchen immer die Frauen den größeren Fisch.»

Galand Haas, Fischführer, Oregon

«Wenn Frauen eine Angel in der Hand halten, geben sie sie nicht mehr her. Sie sind unerbittlich.»

Hugh Falkus, britischer Fliegenfisch-Experte

Aalglatt

Die Schlange sonder Gift
der langen Schlangen Freund
die kein Mann halten kann
er habe dann in der Hand schroffen Sand.
Der Aal ist schlüpferig
glischend
glatt
flüchtig
windet und zwinget sich durch den dichten Sand.
wird gesagt von den Großsprechern, die unthunliche Sachen leisten wollen.
Einen Aal über den Knien zerbrechen

Der Aal bedeutet eine schlüpferige Listigkeit
die sich nicht leicht ertappen lässet; wie auch Feindschaft
weil der Aal sich nicht zu andern Fischen hält.

Georg Philipp Harsdoerffer: *Poetischer Trichter* (1648)

Aal & Karl

Johanna die Wahnsinnige und Philipp der Schöne bekamen am 24. Februar 1500 ein Kind, das sie Karl nannten. Karl wurde schon mit 19 Jahren dank massiver Bestechung einiger Kurfürsten durch die Fugger zum Kaiser des Heiligen Römischen Reiches Deutscher Nation gewählt: Karl V.

Karl war König von Spanien, Sizilien, Jerusalem, der Balearen, der Kanarischen und Indianischen Inseln sowie des Festlandes jenseits des Ozeans, Erzherzog von Österreich, Herzog von Burgund, Brabant, Steier, Kärnten, Krain, Luxemburg, Limburg, Athen und Neopatria, Graf von Habsburg, Flandern, Tirol, Graf in Schwaben, Herr in Asien und Afrika. In seinem Reich ging die Sonne nie unter.

Karl zog in zahlreiche Kriege gegen Italien und die Türken und schlug sich mit Luther und aufständischen Bauern herum.

Der Habsburger konnte nur schlecht Deutsch: «Ich spreche Spanisch zu Gott, Italienisch zu den Frauen, Französisch zu den Männern und Deutsch zu meinem Pferd.» Er galt auch als hässlich, wortkarg, schüchtern, liebte Taschenuhren und fettiges Essen. Ein echter Nerd.
Karl dankte 1556 ab – als erster deutscher Kaiser überhaupt – und zog sich ins abgelegene spanische Kloster Yuste zurück, wo er sich seiner Fresssucht hingab: eiskaltes Bier, Anchovis, Würste und besonders Aal hatten es ihm angetan.
1558 war ein Aalauflauf schlecht. Drei Wochen später war Karl tot.

Übrigens: Englische Quellen sprechen von Fischvergiftung, deutsche dagegen von Nervenzusammenbruch, spanische wiederum von Malaria.

Ein Satz wie Aal

«Na nu mechten wä ...» und «Beßchen kieken ...» ständig wiederholend hievte der Stauer das Seil weiterhin, doch nun mit mehr Anstrengung, kletterte dem Seil entgegen die Steine hinunter und griff – Mama drehte sich nicht rechtzeitig genug weg – breitarmig griff er in die aufblubbernde Bucht zwischen dem Granit, suchte, faßte etwas, faßte nach, zog und schleuderte, laut Platz fordernd, etwas triefend Schweres, einen sprühend lebendigen Brocken zwischen uns: einen Pferdekopf, einen frischen, wie echten Pferdekopf, den Kopf eines schwarzen Pferdes, einen schwarzmähnigen Rappenkopf also, der gestern noch, vorgestern noch gewiehert haben mochte; denn faul war der Kopf nicht, stank nicht, höchstens nach Mottlauwasser; aber danach roch alles auf der Mole.

Schon stand der mit der Stauermütze – die saß ihm jetzt im Nacken – breitbeinig über dem Stück Gaul, aus dem sich wütend hellgrün kleine Aale schleuderten. Der Mann hatte Mühe, sie zu fangen; denn Aale bewegen sich auf glatten, dazu noch feuchten Steinen schnell und geschickt. Auch waren sofort Möwen und Möwengeschrei über uns. Die stießen zu, schafften spielend zu dritt oder viert einen kleinen bis mittleren Aal, ließen sich auch nicht vertreiben; denn denen gehörte die Mole. Trotzdem gelang es dem Stauer, der zwischen die Möwen schlug und zugriff, vielleicht zwei Dutzend kleinere Aale in den Sack zu stopfen, den Matzerath hilfsbereit, wie er sich gerne gab, hielt. So konnte er auch nicht sehen, daß Mama käsig im Gesicht wurde, zuerst die Hand und gleich darauf den Kopf auf Jans Schulter und Sammetkragen legte.»

Günter Grass: *Die Blechtrommel*

Ein Gedicht ums ... Ding

Was im Netze? Schau einmal!
Aber ich bin bange;
Greif ich einen süßen Aal?
Greif ich eine Schlange?

Lieb ist blinde
Fischerin;
Sagt dem Kinde,
Wo greift's hin?

Schon schnellt mir's in Händen!
Ach Jammer! o Lust!
Mit Schmiegen und Wenden
Mir schlüpft's an die Brust.

Es beißt sich, o Wunder!
Mir keck durch die Haut,
Schießt's Herze hinunter!
O Liebe, mir graut!

Was tun, was beginnen?
Das schaurige Ding,
Es schnalzet da drinnen,
Es legt sich im Ring.

Gift muß ich haben!
Hier schleicht es herum,
Tut wonniglich graben
Und bringt mich noch um!

Eduard Mörike:
Erstes Liebeslied eines Mädchens (1830)

Freud und Aal

«Du kennst den Aal. Lange Zeit hindurch war von dieser Bestie nur das Weibchen bekannt, schon Aristoteles wusste nicht, woher diese die Männchen nehmen, und ließ deshalb die Aale aus dem Schlamm entstehen. … Vor kurzem hat ein Triester Zoologe, wie er sagt, die Hoden, somit die Männchen des Aals aufgefunden, aber weil er, wie es scheint, nicht weiß, was ein Mikroskop ist, keine genaue Beschreibung davon gegeben. Ich plage nun mich und die Aale, seine Aalmännchen wieder zu finden, aber vergebens, alle Aale, die ich aufschneide, sind vom zarteren Geschlecht.»
Sigmund Freud an seinen Freund Eduard Silberstein

Sigmund Freud studierte 1876 im fünften Semester Medizin, als ihn sein Professor Karl Claus auf die Aalfrage ansetzte: Waren Aale Zwitter? Wo waren die Hoden? Wo die Spermien? Ein heißes Thema. Freud zerschnitt über 400 Aale.

«Die Hände befleckt vom weißen und roten Blut der Seetiere und vor den Augen flirrende Zelltrümmer, die mich noch in den Träumen stören, und in Gedanken nichts als die großen Probleme, die sich an die Namen Hoden und Ovarien – weltbedeutende Namen knüpfen.»
Alles vergeblich. In seinem Abschlussbericht musste Freud sein Scheitern eingestehen: «Die histologische Untersuchung des Lappenorgans macht es mir aber nicht möglich, der Meinung, dass dieses der Hoden des Aals sei, entschieden beizupflichten oder sie mit sichern Gründen zu widerlegen.»

Tatsächlich ist das Geschlecht bei jungen Aalen noch nicht festgelegt. Erst kurz bevor sie die Binnengewässer verlassen, verändert sich das ganze Tier, die Färbung wechselt, die Nahrungsaufnahme wird eingeschränkt, der Verdauungstrakt bildet sich zurück, die Geschlechtsorgane entwickeln sich. Und erst in der Sargassosee, weit, weit weg von Wien, fangen sie an, Spermien zu produzieren.

Stromkabel

«Elektrische Aale
stellen den Pferden in
Südamerika nach. Diese ‹Gym-
noten› haben 5–6 Fuß Länge. Sie
sind mächtig genug, die stärksten
Tiere zu töten, wenn sie ihre ner-
venreichen Organe auf einmal in
günstiger Richtung entladen.
Dies ist der wunderbare
Kampf der Pferde und Fi-
sche. Was unsichtbar die
lebendige Waffe dieser
Wasserbewohner ist; was,
durch die Berührung
feuchter und ungleich-
artiger Teile erweckt,
in allen Organen
der Tiere und Pflan-
zen umtreibt, was
die weite Himmels-
decke donnernd ent-
flammt, was Eisen an
Eisen bindet und den
stillen, wiederkehren-
den Gang der leiten-
den Nadel lenkt; alles,
wie die Farbe des geteil-
ten Lichtstrahls, fließt
aus einer Quelle, alles
schmilzt in eine ewige,
allverbreitete Kraft zu-
sammen.»

Alexander von Humboldt: *Ansichten der Natur* (1808)

Ameisen des Meeres

Im achten und neunten Jahrhundert aßen in Nordeuropa nur die Küstenbewohner Fisch. Das änderte sich um die Jahrtausendwende, als man an der Ostsee lernte, wie man Heringe pökelt. Heringe sind sehr fettreich, man kann sie deshalb nicht so leicht trocknen und räuchern wie Kabeljau. Der wurde weiter nördlich gefangen, wo es im Frühling windig und sonnig war, ideal für Stockfisch. In Salz eingelegte Heringe eroberten das Hinterland, und an den Küsten von Atlantik, Nord- und Ostsee entstand eine ganze Industrie. Die Wikinger fielen in die Bucht von Biskaya ein, um an die französischen Salzfelder zu gelangen, und Papst Alexander III. hob das sonntägliche Fischfangverbot auf. Hering war die neue Massenware des Mittelalters. Besonders gut schmeckte die alltägliche Mahlzeit der kleinen Leute allerdings nicht, denn die Pökeltechnik war noch nicht ausgereift. Im 15. Jahrhundert beherrschte die Hanse mit ihren Koggen den Heringsmarkt, doch der Hering verschwand: Die kleine Eiszeit (1500 bis 1850) hatte begonnen. Die Fischer suchten ihr Glück immer weiter draußen – und entdeckten dabei Amerika. Ob es Basken, Skandinavier oder Briten waren, die zuerst nach Neufundland segelten, ist ungewiss, denn die Fischer hielten ihre Route geheim.

Amberg

Ich möchte ein Hecht sein,
Recht bissig und schlecht sein,
Unter Wasser und stumm
In der Vils in der Pfalz.
Das Wasser dort hat kein Salz.
Die im Trüben fischen,
Würden mich bald erwischen.
Sie würden mich haun
Und spicken und kochen
Und mir dann vertraun,
Mich essen, verdaun,
Und nach Jahren und Wochen
Würde ich heilig gesprochen.
Man würde mich preisen.
Kein Gasthof zur Linken und keiner zur Rechten,
Ein mittlerer würde dann nach mir heißen:
«Gasthof zum Hechten».

Joachim Ringelnatz

Das Fest der Nasen

«Die mit Zinnober und Ruß gefärbten Körper wurden auf dem Platz zwischen dem Haus des Königs und dem Bure (Tempel) ausgestellt. Dann wurden sie zu dem Ort gebracht, wo die Dorfbewohner sich versammeln, um das menschliche Fleisch zu kleiden, zu kochen und zu essen. Dem König stand das erste Stück zu, und weil er nicht warten wollte, bis das Fleisch richtig durch war, bat er den Schlachter um die Nasen. Der Schlachter schnitt also für seine Majestät die drei Nasen ab. Der König röstete sie; die erste Nase war noch etwas roh, aber die zweite war schön durch.»
John Jackson alias William Diapea alias Cannibal Jack: *Cannibal Jack: The true Autobiography of a White Man in the South Seas* (1851–1853 geschrieben, 1928 erschienen). Als Cannibal Jack Sparrow ist er im Film *Fluch der Karibik II* auferstanden.

20. Mai 1789

Aus dem Logbuch des William Bligh

«Zwei Löffel Rum zusätzlich zum üblichen Fünfundzwanzigstel eines Brotes und dem Viertelpint Wasser. Nachmittags wurden wir von Regen und Wellen zugeschüttet, sodass wir kaum sehen konnten. Wir fürchten uns vor der Nacht.»

Schnapskompass

Wenn der Skipper durstig ist, schaut er gierig auf seinen Kreiselkompass. Denn der sogenannte Schnapskompass soll mit Alkohol gefüllt sein. Stimmt das?

Wir haben verschiedene Modelle untersucht:

Sperry/Brown, Einkreiselkompass: keine Flüssigkeit im Kompass, nur Quecksilber. Schwingungsdämpfungssystem

Anschütz, Einkreiselkompass: keine Flüssigkeit im Kreisel. Quecksilberdämpfung

Zweikreiselkompass Plath Navigat, Kreiselkugel mit Trichterschwimmer: kleine Mengen Quecksilber in der Hüllkugel

Zweikreiselkompass Anschütz: Mischung aus Glyzerin und Wasser

Plath Standard VII: destilliertes Wasser

Faseroptischer Kreiselkompass: keine Flüssigkeit

Magnetkompass: vergällter Alkohol (ungenießbarer Brennspiritus)

Karpfen süßsauer

Für sechs Personen

- 1 Karpfen (2 kg)
- 1 Ei
- 4 Schalotten
- 125 ml Sherry
- 2 Stückchen kandierter Ingwer
- Ingwersirup
- Mehl
- Schweineschmalz
- Tomatenmark
- helle Sojasauce
- Essig
- Brühe
- Zucker, weißer Pfeffer, Salz

Die Flossen vom Karpfen abschneiden, eventuell Schuppen entfernen, der Länge nach halbieren und entgräten. In mundgerechte Stücke portionieren und kalt abspülen, abtropfen lassen, abtrocknen.

Die Karpfenteile mit Salz und Pfeffer einreiben, in eine Schüssel geben und mit Sherry übergießen. 20 Minuten ziehen lassen.

Ei in einer Schüssel verquirlen, Mehl auf einen Teller schütten. Karpfenstücke zuerst in Ei, dann in Mehl wenden. Pfanne erhitzen und die panierten Teile in zwei Esslöffel Schmalz 15 Minuten goldbraun braten, zwischendurch einmal wenden.

Für die Sauce Schalotten würfeln und in einer zweiten Pfanne mit einem Esslöffel Schmalz goldgelb braten. Ingwer in Streifen schneiden und mit dem Sirup zu den Schalotten gießen.

In einem kleinen Topf den Zucker bei niedriger Hitze karamellisieren, zwei Esslöffel Sojasauce, einen Esslöffel Essig, einen Esslöffel Tomatenmark und drei Esslöffel Brühe zum Zuckertopf geben und über die Schalotten gießen. Mit zwei Esslöffel Wasser kurz aufkochen, zum Schluss mit Salz und Pfeffer abschmecken.

Fischstücke auf Salatblättern anrichten und mit der Sauce übergießen.

Leute dieses Japans

«Es sind
Leute, die dreimal am Tag
essen, und jedes Mal essen sie sehr we-
nig. Sie essen nur sehr wenig Fleisch, und sie es-
sen, wie ich schon sagte, keine Hühner. Mir scheint, der
Grund ist, weil sie sie im Haus aufziehen und das, was sie
aufziehen, nicht essen. Ihre Nahrung besteht aus Reis und Hül-
senfrüchten, Mungo, Hirse, Heidekorn, Yam und Weizen. Mir
scheint, sie essen ihn zu Brei gekocht; Brot sah ich sie keines machen.
Sie trinken Arrak, den sie aus Reis bereiten, und ein anderes Getränk,
das alle ohne Ausnahme trinken, Groß und Klein. Ich sah dort niemals
einen Betrunkenen, der nicht bei Verstand gewesen wäre. Sobald sie mer-
ken, dass sie geladen sind, legen sie sich schlafen. Es gibt im Land viele
Schenken und Gasthäuser, wo man Essen und Nahrung und Nachtquar-
tier bekommt. Sie essen Käse aus Bohnen, der wie frischer Käse aussieht;
ich weiß nicht, wie er schmeckt, denn ich habe ihn nicht versucht. Sie
essen auf dem Boden wie Mohammedaner und mit Hölzern wie Chi-
nesen. Jede Person isst aus ihrer bemalten Schüssel und aus Porzellan-
und Holzgefäßen, die außen schwarz und innen rot bemalt sind,
worin sie ihre Speisen haben. Sie trinken im Sommer heißes
Gerstenwasser und im Winter Wasser aus gewissen Kräu-
tern, wovon ich nicht erfahren konnte, was für Kräuter
es sind. Niemals trinken sie kaltes Wasser, weder
im Sommer noch im Winter.»

Dieser Brief, den der portugiesische Händler Jorge Alvares 1546 an Francisco de Xavier (1506–1552), Gründungsmitglied der Jesuiten und Schutzpatron der Seereisenden, schrieb. Alvares galt in ganz Europa lange als beste Quelle über das verschlossene Inselreich.

Variationen von Sushi

Funa ≈ drei Jahre in Salz eingelegter Karpfen mit Reis gefüllt (der Reis wurde nicht gegessen) – Biwa-See, Japan, um 700

California Roll ≈ Gurke, Avocado, Surimi in Reisrolle – Los Angeles, 70er-Jahre

Ayu ≈ einen Monat unter Stein fermentierter, halb roher Süßfisch (der Reis wurde gegessen) – Japan, um 1500

Rainbow Roll ≈ Mango, Avocado, Surimi in Reisrolle – Singapur, 80er-Jahre

Saba ≈ mit Essig gesäuerter Reis mit gepresstem Fisch – Japan, um 1600

Samba Roll ≈ Aal, Lachs, gebackene Shrimps in Reisrolle – Brasilien, 90er-Jahre

Nigiri ≈ roher Fisch auf gesäuertem Reis – Tokio, um 1800 Rasch zubereitet, sofort gegessen – das erste Fast Food! Diese Sushis waren dreimal so groß wie heute!

Toro-Nigiri ≈ roter Thunfisch, teuerstes Sushi – Tokio, 60er-Jahre des 20. Jahrhunderts

Erdäpfel-Sushi ≈ Kartoffel statt Reis – Frankfurt am Main, 2004

Weißwurst-Sushi ≈ Weißwurst auf mit süßem Senf vermengtem Reis – Berlin, 2007 (Copyright beim Autor dieses Buches)

Kugelfisch für Anfänger

Bekanntester
Vertreter seiner Art ist
der *Fugu,* von dessen muskel-
lähmenden Gift *Tetrodotoxin* (TTX)
eine winzige Dosis genügt, um bei vol-
lem Bewusstsein an Atemlähmung zu
sterben. Ein Gegenmittel gibt es nicht.
Heute kann man den Kugelfisch zwar auch
ohne Gift züchten, aber dann verliert das
teure Gericht seinen Reiz. Feinschmecker
lieben das prickelnde und taube Gefühl
im Mund, wenn in den Lippen und
Zungen des *Takifugu rubripes*
noch eine Spur von Gift
enthalten ist …

Fugu à la carte

Fugu sashi ≈ Sashimi, roh und so dünn, dass man durchschauen kann, oft in Form eines Kranichs oder einer Chrysantheme angeordnet

Yubiki ≈ Salat aus der Haut des Fugu

Hire-zake ≈ gegrillte, getrocknete Fuguflossen in heißem Sake

Fuguchiri ≈ Eintopf mit Fugu und Gemüse. Ein Tropfen von der Leber, dem giftigsten Teil des Fisches, gibt ihm das gewisse Extra.

Tischmanieren beim Fugu

≈ Der Chef ist der Chef. Lausche dem Koch und folge seinen Anweisungen!

≈ Nicht mit den Stäbchen trommeln!

≈ Keine Grimassen ziehen oder dumme Witze über den Fisch machen!

≈ Nicht andere probieren lassen, füttern oder mit ihnen teilen!

≈ Nicht rauchen!

≈ Nicht blass werden, wenn die Rechnung kommt!

Übrigens: Trinkgelder sind in Japan nicht üblich.

Todesfälle durch Fugu seit 1886

6925

Und jedes Jahr kommen rund 50 dazu – die meisten Opfer sind Fischer, die ihren eigenen Fang essen.

Todes-Haiku

Heut seh' ich sie nicht
Ich werde sie aufgeben
Und Fugu essen.

Yosa Buson (1716–1783)

Fugu-Restaurants außerhalb Japans

Nippon	≈	155 East 52nd Street, New York
Soba Nippon	≈	19 West 52nd Street, New York
Yodo	≈	13 East 47th Street, New York
Chikabu	≈	12 East 44th Street, New York
Naniwa	≈	4 East 46th Street, New York
Azusa	≈	3 East 44th Street, New York
Nadaman Hakubai	≈	66 Park Avenue, New York
Inagiku	≈	111 East 49th Street, New York
Sugiyama Restaurant	≈	251 West 55th Street, New York
Taiko	≈	15 South Village Avenue, Rockville Centre, New York
Bond Street	≈	6 Bond Street, New York
Hatsuhana Restaurant	≈	17 East 49th Street, New York
Kaz Sushi Bistro	≈	1915 I Street, N.W., Washington, D.C.
New Otani LA	≈	120 S. Los Angeles Street, Los Angeles
Morimoto Restaurant	≈	723 Chestnut Street, Philadelphia
Tako Grill	≈	7756 Wisconsin Avenue, Bethesda, Maryland
Shiki Restaurant	≈	4 Westroy Street, Seattle

Zombies durch Fugu

Voodoo oder *Vodun* ist eine afrikanische Religion, der in Westafrika und in der Karibik gehuldigt wird. Die europäische und amerikanische Kultur ließ sich besonders vom Bild des *Zombies* faszinieren, man denke nur an denFilm *Night of the Living Death* von George Romero, der als cineastische Version von Dantes *Inferno* gelten kann. Eine ganze Deutungsindustrie hat sich über diesen Filmklassiker hergemacht. Mit den religiösen Wurzeln des Zombies hat das natürlich nichts zu tun. Der Kanadier Wade Davis glaubt die Ursache für die *Zombiefizierung* entdeckt zu haben: das Gift des Kugelfisches. *Tetrodotoxin* (TTX) ist ein sehr starkes Nervengift und wurde in allen wirksamen Zombiepulvern nachgewiesen. Außerdem entdeckte Davis auch Spuren des Gifts der Agakröte *(Bufo marinus)* und des Dominikanischen Baumfrosches *(Osteopilus dominicensis).* TTX paralysiert die Opfer: Obwohl bei Bewusstsein, können sie sich weder rühren noch sprechen – sie werden zu Zombies. Man hält sie für tot, und sie werden bei vollem Bewusstsein beerdigt. Allerdings nur auf Haiti.

Berühmte Opfer von Fischvergiftungen

Karl V., Kaiser des Heiligen Römischen Reiches Deutscher Nationen, 1558 ≈ Aalauflauf

Ludwig van Beethoven, 1827 ≈ Bleivergiftung: Fisch, zu viele Mineralbäder, bleihaltige Wasserrohre

Bando Mitsugoro VIII., Kabuki-Star, 1975 ≈ Fugu

Daphne Zuniga, Schauspielerin (Melrose Place), überlebte 2005 nur knapp ≈ fünfmal die Woche Thunfisch und Sushi führten zu einer Quecksilbervergiftung.

Steve Irwin, «Crocodile Man», 2006 ≈ Stich eines Rochens

23. Mai 1789

Aus dem Logbuch des William Bligh

«Es steht zu befürchten, dass wir die nächste Nacht nicht überleben. Ich verteilte zwei Esslöffel Rum an jeden, und nachdem wir unsere Kleider ausgewrungen, Brot und Wasser zu uns genommen hatten, ging es ein bisschen besser.»

Chili-Tintenfisch

Für vier Personen

- 750 g Tintenfischtuben
- 120 ml Limonensaft
- 6 Frühlingszwiebeln, geschnitten
- 1 EL Tamarindenkonzentrat
- 3 große, rote Chili, entkernt und gehackt
- 1 Stängel Zitronengras, nur das Weiße, geschnitten
- 3–5 Thai-Basilikumblätter, geschnitten
- 2 Knoblauchzehen, gehackt
- 2 cm Ingwer, gehackt
- 1 Tomate, geschält, entkernt und klein geschnitten
- 1 TL Koriandersamen
- 1 TL Garnelenpaste
- Salz und Pfeffer
- Öl

Tintenfischtuben der Länge nach aufschneiden und auf der Innenseite ein feinmaschiges Karo einritzen, tief, aber nicht durch. In etwa vier Zentimeter große Stücke schneiden und in Limonensaft marinieren. Zwei Chilis, drei Frühlingszwiebeln, Tomate, Knoblauch, Ingwer,

Koriandersamen und Garnelenpaste im Mixer pürieren. Wok erhitzen, Öl eingießen, Tintenfischstücke, etwas Chili und drei gehackte Frühlingszwiebeln zwei Minuten bei mittlerer Hitze braten, bis sich

der Tintenfisch aufrollt. Tintenfisch herausschöpfen und beiseitestellen. Öl nachgeben, Zitronengras, Tamarindenkonzentrat und Garnelenpaste fünf Minuten braten. Tintenfisch und Marinade zurück in den Wok geben, salzen, pfeffern, zwei Minuten köcheln und mit Basilikum bestreuen.

Was Gewürze wert waren

77 ≈ Plinius beklagt die hohen Pfefferpreise: 15 Dinar pro Pfund, «50 Millionen Sesterzen verlassen Rom jährlich nach Indien für Gewürze».

410 ≈ Der Westgotenkönig Alarich belagert Rom und fordert als Tribut für seinen Abzug 1500 kg Pfeffer.

1426 ≈ In Venedig werden 83 bis 157 Dukaten per Cargo (50 Tonnen) für Gewürze gezahlt.

1522 ≈ Vier von fünf Schiffen und 92 Prozent der Besatzung der ersten Weltumseglung unter Magellan kehrten nicht zurück. Ein kommerzieller Erfolg war die Reise dennoch: dank 50 000 Pfund Nelken und Muskat.

1550 ≈ Auf der Insel Benda (Indonesien) kosten zehn Pfund Muskat weniger als einen Penny. In London, am anderen Ende der Handelskette, kostet das Pfund 10 Shilling: 60 000 Prozent Gewinn vor Abzug der Unkosten.

Es muss immer Kaviar sein

Preise pro Kilo

Beluga ≈ anthrazitfarben, pralles Korn, 3,5 mm dick, hauchdünne Haut, sehr mild, 4338 € (bei Amazon.com)

Almas ≈ elfenbeinfarbener Kaviar vom Albinobeluga. Früher dem Zaren vorbehalten. Persischer Almas wird in 24-karätigen Golddosen verkauft, 45 000 Euro (bei Caviar House & Prunier, Picadilly, London).

Ossietra ≈ silbergrau bis schwarz, leicht goldener Schimmer, härtere Haut, nussig. *Royal Black* ist tiefschwarzer, junger Ossietra. *Imperial* ist hell schimmernder, goldbrauner Ossietra, 2000 € (bei Desietra in Fulda, Aquakultur)

Keluga ≈ schwarz, aus China, 1500 € (bei Paramountgifts)

Sevruga ≈ grau, 2 mm dick, dünne Schale, empfindlich, kräftig und würzig. Glas mit rotem oder orangefarbenem Deckel, 1988 € (bei Amazon.com)

Es muss nicht immer Kaviar sein

Rogen nicht vom Stör

Keta-Kaviar ≈ Pazifischer Lachs
Perles du Nord, Limfjordskaviar, deutscher Kaviar ≈ Seehase
Bottarga, sizilianischer Kaviar ≈ Thunfisch
Sikröm ≈ Weißfisch (Aland, Brachse, Döbel, Giebel, Güster, Hasel, Moderlieschen, Ukelei, Zobel, Zope, Zährte)
Kalixlöjrom ≈ Kleine Maräne (Forellenfisch)
Capelin ≈ Lodde (Verwandter des Stints)
Löjrom ≈ Hering
Masago, Tobbiko ≈ Fliegender Fisch
Tarama ≈ Karpfen
Tarako ≈ Kabeljau
Auch lecker: Rogen von Forelle und Felchen

Von Abba bis Zander

Die schwedische Firma Abba verkauft seit 1838 Fisch in Dosen. Als 1969 Agneta, Björn, Benny und Anna-Frida ihre Band nach ihren Initialen benennen wollten, gab das Konservenmanagement die Erlaubnis unter der Bedingung, dass sie ihren Produkten (Fiskbullar, Kosttillskott, Sillinläggningar) keine Schande machen.

Der Sänger Frank Zander heißt übrigens wirklich so wie der größte Barsch Europas.

Hamburger Fischmarkt

Jeden Sonntag von 5 Uhr bis 9.30 Uhr am Elbufer zwischen *Hafenstraße* und *Großer Elbstraße.* Von Mitte November bis Mitte März erst ab 7 Uhr. Das Hamburger Original von 1703 gastiert auch andernorts: zum Beispiel in Karlsruhe vom 1. bis 4. Mai 2008.

Langusten auf kreolische Art

Für sechs Personen

1 kg Langusten
1 Zwiebel, gehackt
2 Knoblauchzehen, gehackt
6 Frühlingszwiebeln, gehackt
1 Stange Sellerie, gehackt
1 rote Paprika, gehackt
1 große Dose geschälte Tomaten
6 EL Tomatenmark
Thymian, Lorbeerblatt, Cayennepfeffer
Olivenöl

Zwiebeln, Knoblauch, Frühlingszwiebeln, Sellerie und Paprika kurz anbraten. Tomaten, Tomatenmark und Gewürze beigeben und alles 15 Minuten köcheln. Langusten dazugeben und weitere zehn Minuten simmern lassen.

24. Mai 1789

Aus dem Logbuch des William Bligh

«Ich überprüfte unsere Vorräte. Wenn wir bei der bisherigen Einteilung blieben, würden sie 29 Tage reichen. Bis dahin, hoffe ich, haben wir Timor erreicht.»

König für Kartoffel

Nach dem *Siebenjährigen Krieg* (1756–1763) machte sich Friedrich II., genannt der Große, an den Wiederaufbau seines Landes. Er ließ Straßen anlegen, Kanäle graben und befahl den Bauern, Kartoffeln anzubauen – benannt übrigens nach den italienischen *tartufolo,* da die Knollen wie die Trüffel unterirdisch wachsen. Die Bauern aber wollten das aus Amerika importierte Nachtschattengewächs nicht – denn wer aus Versehen die Beeren statt der Knollen aß, vergiftete sich. Außerdem weigerten sich die Hunde, an die man üblicherweise Essensreste verfütterte, Kartoffeln zu fressen, und ein Bauer isst nichts, was sein Hund verschmäht.

Doch der König von Preußen schickte seine Dragoner aus, um seinen Kartoffelanbau-Befehl mit einem Trick durchzusetzen: Er ließ die genügsame Frucht auf sandigen Boden pflanzen und von Soldaten bewachen – da waren die Bauern überzeugt, dass die Kartoffeln wirklich wertvoll sein mussten.

Ein Denkmal für die Kartoffel

Sir Francis Drake – so lernen es kleine Engländer in der Schule – hat die Kartoffel nach Europa gebracht. Stimmt nicht, stellte Alexander von Humboldt richtig, es waren die Spanier, die sie über Italien einführten. Egal, der elsässische Bildhauer André Friedrich schenkte der badischen Stadt Offenburg 1853 ein Drake-Denkmal: aus Dankbarkeit für die Kartoffel. Es war übrigens das erste Denkmal weltweit, das den Seeräuber zeigte. Warum ausgerechnet Offenburg und was André Friedrich antrieb, ist rätselhaft. Die Offenburger liebten ihr «Dreck-Denkmal», bis getreue Nazis es 1939 zerstörten – Engländer waren Feinde. Der Gastwirt der *Sonne* klaubte die Steine zusammen, die heute im Heimatmuseum liegen (geöffnet Dienstag bis Sonntag 10 bis 17 Uhr). Die Briten glauben übrigens immer noch, dass ein Drake-Denkmal in Offenburg steht, und Jahr für Jahr pilgern Drake-Fans in die Stadt.

Mindestens haltbar bis … dank Sonne

In vorgeschichtlicher Zeit trockneten Jäger und Sammler Kräuter, Samen und Fleisch an der Luft. Durch Wasserentzug wird das Wachstum gestoppt und Fäulnis verhindert. Besonders gut ging das mit Samen wie dem vom Einkorn. Bald entdeckte man, dass sich diese Körner aussäen und ernten ließen. Die Menschen konnten sich entscheiden: sesshaft werden und ernten oder weiter jagen und sammeln – und im Winter hungern. Die Ägypter buken schließlich die ersten Fladen, und diese Kunst übernahmen unter anderem die Juden. Deshalb ist in der Bibel so oft von Brot die Rede. Ganz unabhängig davon rollen die Chinesen seit rund 4000 Jahren Teig dünn aus, schneiden ihn in Streifen und lassen diese zu Nudeln trocknen.

De lupo, de asello, de sacro

Vom Seebarsch, vom Dorsch, vom Papageifisch

«Bei den Alten galt als der edelste Fisch der Stör, bei dem allein die Schuppen nach dem Maule zu, also gegen die Schwimmrichtung liegen. Jetzt steht er nicht mehr in Ansehen, was mich wundert, wo er doch so selten angetroffen wird. Manche nennen ihn *élops*.

Später waren, wie Cornelius Nepos und der Mimendichter Laberius berichten, der Seebarsch und die Dorsche besonders geachtet. Am meisten werden unter den Seebarschen diejenigen gelobt, welche man wegen ihres weißen und zarten Fleisches die ‹wolligen› nennt.

Jetzt gibt man den ersten Rang dem Papageifisch, der allein unter den Fischen wiederkäuen und Kräuter, nicht jedoch andere Fische fressen soll und am häufigsten im Karpathischen Meer vorkommt.»

Gaius Plinius Secundus: *Naturalis historiae* (79 n. Chr.)

Im Mai 1789

Aus dem Logbuch des William Bligh

«Mittags
näherten
sich Seeschwal-
ben, wir konnten eine mit der Hand fangen. Der
Vogel war so groß wie eine Taube, und wir teil-
ten ihn in achtzehn Teile. Wir aßen ihn
mitsamt den Knochen
in einer Sauce aus
Salzwasser.
Abends fingen
wir noch ei-
nen Tölpel.
Sein Blut be-
kamen die
drei Män-
ner, denen
es am
schlech-
testen
ging.»

Hering mit Bulgur

Pro Person

- 1 getrockneter oder geräucherter Hering, in kleine Stücke zerpflückt
- 1 Tasse Bulgurmehl oder Reis
- 1 Zwiebel, gehackt
- 2 Knoblauchzehen
- 1 Frühlingszwiebel, gehackt
- Petersilie
- grüner Pfeffer
- Öl
- Salz

In heißem Öl Knoblauch und Zwiebel anbraten. Frühlingszwiebel, Pfeffer und Petersilie zwei Minuten lang einrühren. Mit zwei Tassen Wasser ablöschen, Heringsstücke dazugeben und aufkochen. Bulgur (oder Reis) dazugeben und mit drei weiteren Tassen Wasser zum Kochen bringen, dann bei niedriger Temperatur etwa 20 Minuten garen lassen.

Eine Empfehlung von haitianischen Libanesen

Tomate

In der Aztekensprache *Nahuatl* heißt die Frucht *tomatl,* «schwellende Frucht». In Europa wurde sie ab 1554 als Zierpflanze eingeführt. Das Original aus den Anden war nicht rot, sondern goldgelb, worauf ihr italienischer Name *pomodore* («Goldapfel») verweist. Die Italiener bemerkten übrigens erst 300 Jahre nach ihrer ersten Begegnung mit einer Tomate, das man diese auch essen kann. Von dieser spät entflammten Liebe leitet sich auch die Wendung «du treulose Tomate» ab – die populär wurde, nachdem Italien im ersten Weltkrieg die Fronten gewechselt hatte.

De margaritis Cleopatrae

Die Perlen Kleopatras

«... Dabei sind das nicht einmal die größten Beispiele für Verschwendungssucht. Seit jeher waren zwei Perlen die größten; beide besaß Kleopatra, die letzte der Königinnen Ägyptens, die sie aus den Händen der Könige des Morgenlandes empfangen hatte. Als sich Antonius täglich mit ausgesuchten Leckerbissen mästete, verhöhnte sie zugleich in stolzer und frecher Verachtung, wie es einer königlichen Dirne zukommt, dessen ganzen Aufwand und Prunk, und als er fragte, was denn seiner Prachtliebe zusätzlich geboten werden könne, antwortete sie, sie wolle bei einer Mahlzeit 10 000 000 Sesterzen verzehren. Antonius war begierig, dies zu erfahren, glaubte aber nicht an die Ausführung. Es wurde daher eine Wette eingegangen, und am folgenden Tag, an dem die Entscheidung fallen sollte, setzte sie Antonius, um den Tag nicht ungenutzt verstreichen zu lassen, eine reichhaltige, aber alltägliche Mahlzeit vor, worüber dieser sich lustig machte und die Rechnung anforderte. Jene beteuerte aber, dies sei nur eine Beigabe, die Mahlzeit werde die festgesetzte Summe aufbrauchen, denn sie allein werde für 10 000 000 Sesterzen essen. Darauf befahl sie den Nachtisch aufzutragen. Auf ihre Anordnung stellten die Diener nur ein Gefäß mit Essig vor sie hin, der so scharf und kräftig war, dass er Perlen zu einer schleimigen Flüssigkeit auflöste. Sie trug an ihren Ohren jenes überaus seltene und wahrhaft einzige Werk der Natur. Und während Antonius wartete, was sie tun würde, nahm sie eine ab, warf sie hinein und schlürfte die Lösung. Als sie sich anschickte, die andere auf die gleiche Weise zu verzehren, legte L. Plancus, der Schiedsrichter dieser Wette, die Hand auf sie und erklärte den Antonius für besiegt, eine Vorbedeutung, die in Erfüllung ging.»

Gaius Plinius Secundus: *Naturalis historiae* (79 n. Chr.)

Mindestens haltbar bis … dank Rauch

Tee, Bier, Käse, Tofu, Whisky und vor allem Fleisch und Fisch sind beliebte Räucherwaren. Bei fettreichem Fisch tötet der Rauch die Bakterien in den oberen Schichten, was verhindert, dass der Fisch ranzig wird. Bei den meisten anderen Lebensmitteln braucht es aber auch Luft und Salz.

Kinilaw

Pro Person

120 g	roher Fisch	½	Chilischote, entkernt
1 cm	Ingwer, gehackt	2 EL	roter Essig
1	Frühlingszwiebel, klein geschnitten		Salz
			Pfeffer

Frisch gefangenen Fisch (oder Garnelen oder Krabben) entgräten beziehungsweise entdarmen und in Meerwasser waschen. In mundgerechte Stücke schneiden, Ingwer, Frühlingszwiebeln und Chili zufügen. Mit Essig, Salz und Pfeffer anmachen. Sofort verzehren.

Kinilaw kann mit Kokosnussmilch, Mango, Kochbanane oder Rettich und Gurken variiert werden. Manche Filipinos würzen mit Fischgalle. Auf der Insel Babag werden auch Schiffsbohrwürmer und die Larven des Kokosnusskäfers mit Essig angemacht. Guten Appetit!

26. Mai 1789

Aus dem Logbuch des William Bligh

«Die meisten tunken sich Brot ins Meer, um es essen zu können. Ich breche es in winzige Stücke, weiche diese mit meinem Wasser auf und löffele sie aus einer Kokosschale.»

Ananas

Am 3. November 1493 landete Christoph Kolumbus in Guadeloupe. Die Bewohner überreichten ihm zur Begrüßung eine Frucht. «Sie ist wie ein Pinienzapfen geformt, aber doppelt so groß, und der Geschmack ist überragend.» Das Karibenwort für Geschmack ist *nana,* und der überragende Geschmack ist eben *nananana.* Die Frucht ist reich an Bromelin, einem fettspaltenden Enzym, dem es den Ruf verdankt, mit Ananas könne man abnehmen. Bromelin hat aber keinen Einfluss auf unseren Fetthaushalt. Auch hat Ananas relativ wenige Vitamine. Wir wollen sie also essen, weil sie gut schmeckt.

Mirabilia piscium pretia

Wunderbare Preise von Fischen

«Der gewesene Konsul Asinius Celer forderte mit diesem Fisch alle Verschwender heraus – dies ist nämlich leichter zu erzählen, als wer den Sieg davongetragen hat –, als er unter Kaiser Gaius eine Meerbarbe um 8000 Sesterzen kaufte. Diese Rechnung lenkt den Geist beiseite zu einer Betrachtung derer, die bei ihrer Klage über den Luxus laut gejammert haben, dass jeweils ein Koch teurer sei als ein Pferd. Jetzt aber kosten Köche so viel wie drei Pferde, und die Fische sind so teuer wie Köche.»

Gaius Plinius Secundus: *Naturalis historiae* (79 n. Chr.)

Mindestens haltbar bis ... dank Salz

Schon Aristophanes erwähnt in seiner ersten Komödie *Die Acharner* (425 v. Chr.) in Salz eingelegten Fisch. Die Römer scheinen Salz in erster Linie zum Pökeln verwendet zu haben – ihr Hauptwürzmittel *Garum Liquamen* war eine salzige Fischsauce. *Sausage* (Wurst) leitet sich vom lateinischen *salsicia* (Gesalzenes) ab.

Der älteste Lebensmittelzusatzstoff entzieht Fleisch und Fisch das Wasser und nimmt damit schädlichen Organismen, Keimen und Krankheitserregern die Grundlage.
Die Wikinger zum Beispiel konnten ihre ausgedehnten Reisen nur dank Gesalzenem und Geräuchertem unternehmen – denn kochen konnten sie auf ihren offenen Holzschiffen ja nicht.

29. Mai 1789

Aus dem Logbuch des William Bligh

«Wir segelten an den Riffen der Küste entlang und versuchten Fische zu fangen, ohne Glück. Ich fand einen Sandstrand zum Anlanden. Wir suchten nach Essbarem. An den Felsen gab es Austern, aber da es dunkel wurde, konnten wir nur wenige einsammeln.»

Tandoorie-Makrele

Für vier Personen

4	Makrelenfilets
3 EL	rote Tandoorie-Marinade (aus dem Asialaden)
200 g	Joghurt

Joghurt mit Tandoorie-Marinade mischen, Filets damit bestreichen, Ofen auf Maximaltemperatur vorheizen und 15 Minuten grillen.

Avocado

Die Azteken nannten diese Frucht *Ahuacatl*, und das bedeutet – Hoden. Weil Avocados so ähnlich aussehen und genau deshalb auch als Aphrodisiakum dienten. Wegen ihres hohen Fettgehalts galt die Frucht auf britischen Schiffen als des Seemanns Butter. Eine besondere Vorliebe für Avocados hatten die Riesenfaultiere, die sie samt Kern verdrückten. Indem sie diese wieder ausschieden, sorgten sie für die Verbreitung des Lorbeergewächses. Seitdem das Riesenfaultier ausgestorben ist, sorgt der Mensch für die Aussaat.

Es gibt mehr als Miesmuscheln & Austern

Einige essbare Muscheln und Schnecken:

Schwertmuscheln · Venusmuscheln · Herzmuscheln · Teppichmuscheln · Wellhornschnecken · Strandschnecken · Jakobsmuscheln · Kammmuscheln · Entenmuscheln

De testudines marinarum – von der Meeresschildkröte

«Das Fleisch der Meerschildkröte, gemischt mit dem Fleisch von Fröschen, hilft hervorragend gegen den Salamander, und nichts ist dem Salamander widriger als die Schildkröte. Mit dem Blut heilt man kahle Stellen, den Grind und alle Geschwüre auf dem Kopf; man soll es eintrocknen lassen und langsam abwaschen; auch bei Ohrenschmerzen träufelt man es ein, mit Frauenmilch; gegen die Epilepsie isst man es mit Staubmehl vom Getreide, mischt aber dazu drei hemina Blut und eine hemina (knapp mehr als ein Viertelliter) Essig.»

Gaius Plinius Secundus: *Naturalis historiae* (79 n. Chr.)

Den Römern galten Salamander als Feuerwesen, die sogar Wasser entzünden konnten und alles vergifteten, was sie berührten.

Mindestens haltbar bis ... dank Zucker

Mit den Reisen des Kolumbus änderte sich der Speiseplan Europas radikal. Vor Kolumbus hatte es außer Honig wenig Süßes gegeben. Als die Ananas den Atlantik überquerte, wurde sie wie eine Königin empfangen. In zahlreichen Stillleben ist sie das Symbol für Luxus und Macht. Doch die Reise über den Atlantik war lang, und oft waren die Bromeliengewächse bei ihrere Ankunft verfault. 200 Jahre lang schaffte es niemand, Ananas in Gewächshäusern zu züchten. Also wurde die Frucht kandiert. Dabei wird die Flüssigkeit in den Zellen zu 70 Prozent durch eine Zuckerlösung ersetzt. Die Römer liebten diese Methode ganz besonders – von ihrem Wort *candire* (würzen, haltbar machen) leiten sich nicht nur *Konditor* und *Kandis* her, sondern auch das englische *candy*.

30. Mai 1789

Aus dem Logbuch des William Bligh

«Am Morgen ging es unserer Mannschaft besser, und ich schickte sie aus, um Muscheln zu sammeln. Wir hatten nur noch zwei Pfund Schweinefleisch. Das hatte ich im Gegensatz zum Brot nicht unter Verschluss, und einige Verantwortungslose hatten gestohlen. Aber alle leugneten.»

Apfel-Matjes-Salat

Für vier Personen

4 Matjesfilets
4 säuerliche Äpfel, geviertelt, ohne Schale, ohne Kerngehäuse
12 Mürbekekse
1 Zwiebel, fein gewürfelt
1 Gewürzgurke, gewürfelt
2 EL Zitronensaft
Petersilie, Pfeffer

Matjes sehr fein hacken, Kekse zerkrümeln, Äpfel reiben und mit Zitronensaft beträufeln. Matjes, Zwiebel, Kekse, Gurke und Apfel mischen. Mit Pfeffer würzen und mit Petersilie garnieren. Man kann auch noch zwei hartgekochte Eier einbröckeln.

Ein traditionelles Gericht polnischer Juden

Kakao

Als die Große Gefiederte Schlange die Menschen aus Mais erschaffen hatte, gab sie ihnen *Kakaw* – so wussten es die Olmeken und feierten im April ein Fest, bei dem ein kakaofarbener Hund geopfert wurde. Die Azteken nannten die Bohne *Cacahuatl*. Sie gaben sie ihren Menschenopfern zur Beruhigung. Kakao soll, so haben Wissenschaftler im Auftrag des Schokoladenkonzerns *Mars* herausgefunden, gegen Diabetes und Demenz helfen und auch Depressionen lindern. In Kakao ist zudem *Theobromin* enthalten – giftig für Hunde, Katzen, Pferde und Papageien, aber gut gegen Husten.

De curalio

Über die Koralle

«Wenn man ihre kleinen Zweige den Kindern anbindet, soll ihnen das Schutz gewähren; durch Feuer in Pulver verwandelt, helfen die Korallen gegen Bauchgrimmen, Blasen- und Steinleiden, auf ähnliche Weise auch in Wein getrunken oder, falls Fieber vorhanden ist, in Wasser als Schlafmittel – sie widerstehen lange dem Feuer. Trinkt man dieses Heilmittel aber öfter, soll es auch die Milz verzehren. Ihre Asche heilt Personen, die Blut auswerfen oder brechen; man mischt sie auch unter die Augenheilmittel, denn sie verdichtet und kühlt, füllt die Hohlräume der Geschwüre aus und verkleinert die Narben.»

Gaius Plinius Secundus: *Naturalis historiae* (79 n. Chr.)

Heringstorte

Für vier Personen

2	Salzheringe, gewässert (oder Matjes)
1	Zwiebel, gehackt
40 g	Kokosfett
70 g	Reis, gekocht
500 g	Pellkartoffeln, gekocht
2 Bd.	Petersilie, gehackt
	Butter
	Semmelbrösel (oder Mandelsplitter)

Zwiebeln anschwitzen und mit Fisch, Reis, Kartoffeln und der Hälfte der Petersilie vermengen. Nach belieben pfeffern. Teig in eine gefettete feuerfeste Form geben. Oberfläche mit Butterstückchen belegen, mit restlicher Petersilie und Semmelbröseln bestreuen und im Ofen goldbraun backen.

Mindestens haltbar bis ... dank Vakuum

Auf Napoleons Russlandfeldzug mussten mehr als eine Million Mann verpflegt werden. Das traditionelle Plündern reichte bald nicht mehr aus. So verhungerten bei den Kriegszügen des französischen Kaisers mehr Soldaten als im Gefecht fielen.

12000 Goldfranken versprach Napoleon demjenigen, der Lebensmittel haltbar machen könne. Der Konditor und Erfinder Francois Nicolas Appert (1749–1841) – er hat für die Zarin Katharina das *Hühnchen Kiew* kreiert – experimentierte mit erhitzten und in Glasflaschen luftdicht verpackten Lebensmitteln. Die Marine testete die Gläser auf hoher See: einige zerbrachen, aber mit dem Gesamtergebnis waren alle zufrieden. So erhielt Appert 1810 die Prämie, wurde mit dem Titel *Wohltäter der Menschheit* ausgezeichnet und schrieb das erste Buch über Lebensmittelkonservierung.

Der britische Kaufmann Peter Durand kam noch im selben Jahr auf die Idee, statt der Gläser kleine Blechkanister zu nehmen – und erfand damit die Konservendose. Schon 1813 wurde die erste Konservenfabrik eröffnet, ebenfalls in Großbritannien. Pech für Napoleon: Sie versorgte die britische Armee.

Übrigens: Die frühen Konservendosen waren nur mit der rohen Gewalt des Bajonetts zu öffnen – der Dosenöffner wurde erst 1855 erfunden.

31. Mai 1789

Aus dem Logbuch des William Bligh

«Wir fanden noch ein paar Muscheln, fingen einen Fisch und schöpften Regenwasser aus Felshöhlen.»

Kürbis

«Cucurbita, corbis (lat.), kurbiz (mittelhochdeutsch), Korb, Kürbis» – so lautet die etymologische Ahnenreihe der Beerenfrucht, die schon in der Bibel erwähnt wurde und die im Mittelalter in Europa verbreitet war. Die heutigen Sorten aber stammen von Pflanzen ab, die Kolumbus 1514 entdeckte und nach Europa brachte. Danke, Christobal.

Mindestens haltbar bis ... dank Gelatine

Seit dem Mittelalter kocht man Gelatine aus Knochen und lässt darin Fleisch oder Gemüse erstarren: in Aspik. Marie-Antoine Carême, einer der größten Köche aller Zeiten, schuf zu Beginn des 19. Jahrhunderts geradezu architektonische Kunstwerke aus Gelee. Später ließ sich das im Zuge der industriellen Revolution aufkommende Bürgertum mit immer neuen Geleekreationen beglücken. Kühlschränke und die praktischen Gelatineblätter von Knox machten *Hummer in Gelee* und *Aal in Aspik* populär. Mit dem zweiten Weltkrieg endete dann das Zeitalter des Aspiks in der Haute Cuisine – vermutlich war das eklige Corned Beef daran schuld. Erst Ferran Adrià, der innovativste Koch der Gegenwart, verwandelt in seiner Molekulargastronomie wieder alles zu Gelee, was nicht bei drei auf den Bäumen ist: Tomatenwasser, Forelleneier, Würste, Pilze. Einige seiner Kreationen werden in Reagenzgläsern und Pipetten serviert.

Im Mai 1789

Aus dem Logbuch des William Bligh

«Unser Trupp kam mit Austern und Süßwasser zurück. Wir entzündeten ein Feuer. Wir hatten sogar einen Kupfertopf, und mit den Muscheln, Brot und Pökelfleisch kochten wir uns ein Stew. Ich verbot meinen Männern, von den Früchten und Beeren zu essen, aber außer Sichtweite pflückten sie sie dennoch. Zum Glück ging es gut aus. Eine Frucht war so groß wie eine Stachelbeere und schmeckte süß. Die Haut war blassrot und gelb im Inneren. Eine andere Frucht erinnerte an Strandwein, wie man es in der Karibik kennt, und wuchs wie Holunderbeeren in Büscheln. Andere Früchte ähnelten den Brombeeren. Da sie von den Vögeln gegessen wurden, hatten wir keine Angst und auch keine Beschwerden. Auf dem Inselrücken bemerkten wir Tauben, Papageien und andere Vögel, aber ohne Schusswaffen konnten wir nichts ausrichten.»

Fischfrikadellen

Für vier Personen

500 g	festes weißes Fischfilet (Kabeljau, Seehecht, Roter Schnapper)
100 g	grüne Bohnen, in einen Zentimeter lange Stückchen geschnitten
3	Frühlingszwiebeln, gehackt
1	rote Chili, gehackt, ohne Kerne
1	Ei
3 EL	Koriander, gehackt
3 EL	rote Currypaste
1 EL	Fischsauce
	Öl
	süßsaure Chilisauce

Fisch kurz pürieren und mit Ei, Curry, Chili, Koriander und Fischsauce vermengen. Frühlingszwiebeln und Bohnen einkneten. Aus dem Teig kleine Frikadellen formen. Öl in einer schweren Pfanne auf mittlere Hitze bringen und die Fischburger etwa drei Minuten von jeder Seite braten. Auf Krepppapier abtropfen lassen und – mit süßsaurer Chilisauce als Dip – servieren.

Boston Tea Party

16. Dezember 1773: 40 000 Kilo Tee im Wert von 10 000 £ landen im Hafenbecken von Boston – als symbolischer Protest gegen die britischen Steuern in den Kolonien.

Dieses Ereignis läutete den amerikanischen Unabhängigkeitskrieg ein. Weitere Tea Parties wurden in New Hampshire, New York City, Elizabethtown (heute Hagerstown) und Weston gefeiert. Was für ein Tee war's? Zeitgenössische Quellen sprechen von *Bohea,* schwarzem Tee aus Wui. Die meisten Schulbücher geben *Darjeeling* an – der wurde aber erst hundert Jahre später in Indien angebaut wurde.

Boston Tea Party: «Ich war dabei!»

Hier sind 112 Teilnehmer – und einige haben wirklich sehr schöne Namen:

Moses Axtell · Nathaniel Barber · Samuel Barnard · Henry Bass · Edward Bates · Thomas Boulter · David Bradlee · James Bradlee · Thomas Bradlee · James Brewer · John Brown · Stephen Bruce · Benjamin Burton · Nicholas Campbell · George Carleton · Thomas Chase · Benjamin Clarke · John Cochran · Nathaniel Coleman · Gresham Collier · Adam Colson · James F. Condy · S. Coolidge · Samuel Cooper · Thomas Crafts Jr. · John Crane · Thomas Dana · Robert Davis · John Dickerman · Edward Dolbear · Joseph Eaton · Joseph Eayres · Benjamin Edes · William Etheridge · Samuel Fenno · Samuel Foster · Nathaniel Frothingham · John Fulton · John Gammell · Samuel Gore · Moses Grant · John Greenleaf · Samuel Hammond · William Hendley · George R. Hewes · John Hicks · Samuel Hobbs · John Hooton · Samuel Howard · Edward C. Howe · Jonathan Hunnewell · Richard Hunnewell · Richard Hunnewell Jr. · Thomas Hunstable · Abraham Hunt · David Ingersoll · Seth Ingersoll · David Kennison · Joseph Lee · Amos Lincoln · Mathew Loring · Joseph Lovering · Thomas Machin · Ebenezer MacKintoch · Archibald McNeil · John May · Thomas Melvill · William Molineux · Thomas Moore · Anthiny Morse · Joseph Montford · Eliphalet Newell · Joseph P. Palmer · Johathan Parker · Joseph Payson · Samuel Peck · John Peters · William Pierce · Lendall Pitts · Thomas Potter · Henry Prentiss · John Prince · Edward Proctor · Henry Purkitt · John Randall · Paul Revere · Joseph Roby · John Russell · William Russell · Robert Sessions · Joseph Shed · Benjamin Simpson · Peter Slater · Samuel Spraque · John Spurr · James Starr · Phineas Stearns · Ebenezer Stevens · Elisha Story · James Swan · John Truman · Thomas Urann · Peter Watertown · Josiah Wheeler · David Williams · Isaac Williams · Jeremiah Williams · Thomas Williams · Nathaniel Willis · Joshua Winslow · Joshua Wyeth · Thomas Young

Mindestens haltbar bis ... dank Frost

Francis Bacon überfuhr im Winter 1626 ein Huhn, stopfte es mit Schnee aus und verspeiste es später zu Hause. So ungefähr wurde die Tiefkühlkost erfunden. Allerdings zog Bacon sich dabei eine Erkältung zu, die sich zu einer Lungenentzündung auswuchs, an der er wenig später verstarb.

Carl von Linde entwickelte die ersten Kältemaschinen 1876. Schon ein Jahr später wurden die ersten gefrorenen Rinderhälften von Argentinien nach Frankreich verschifft.

Der Fischereibiologe *Clarence Birdseye* handelte 1912 bis 1916 mit Pelzen. Dabei beobachtete er, wie die kanadischen Inuit Fleisch schockgefrieren. Er erfand eine Methode, die auch diesseits des Polarkreises funktionierte, und am 6. März 1930 konnten die Hausfrauen von Springfield, Massachusetts, zum ersten Mal Tiefkühlkost im Supermarkt kaufen. Birdseye entwickelte 1954 auch eine Methode, mit der frisch gefangener Fisch noch auf dem Schiff eingefroren werden konnte. Wer sich das Logo von *Iglo* genauer anschaut, kann darin ein goldenes Blatt entdecken. Da haben ein paar Designer herumgebastelt – ursprünglich war dieses Blatt das Auge eines Vogels: *Birdseye*.

1. Juni 1789

Aus dem Logbuch des William Bligh

«Wie üblich schickte ich einen Trupp los, aber zu unserer großen Enttäuschung kamen sie nur mit ein paar Muscheln und Helmbohnen zurück. Die gab es mit Brot zum Abendessen.»

Miesmuscheln

Pro Person

1 kg Miesmuscheln
2 Stängel Zitronengras, nur das Weiße, gehackt
4 Knoblauchzehen, gehackt
1 rote Chili, gehackt, ohne Kerne
50 g Thaibasilikum
50 g Koriander
1 Glas Weißwein
1 EL Fischsauce
Öl

Muscheln putzen, dabei die zerbrochenen und die nicht geschlossenen aussortieren. Knoblauch, Zitronengras und Chili sanft in Öl anbraten, mit Wein und Fischsauce löschen und drei Minuten köcheln lassen. Muscheln und Koriander zugeben und vier bis fünf Minuten garen, bis die Muscheln sich öffnen. Mit Basilikum bestreuen und servieren.

Mindestens haltbar bis ... dank Essig

Schon 2400 Jahre vor Christi Geburt wurde Gemüse eingelegt, zuerst von den Mesopotamiern.

Der italienische Seefahrer *Amerigo Vespucci* nahm dann auf seinen beiden Südamerika-Reisen 1499 und 1502 ein paar Fässer Pickles mit – da er vorher schon damit gehandelt hatte, lag ihm der Gedanke wohl nahe. Keiner seiner Seeleute erkrankte dank des darin enthaltenen Vitamin C an Skorbut. Die Mangelkrankheit trat überhaupt erst im Zeitalter der Entdeckungen auf – vorher waren Schiffsreisen einfach zu kurz gewesen – und wurde zum größten Problem der Seefahrer.

James Cook nahm als Erster sauer eingelegten Kohl mit, auf seiner Weltreise 1768, und auch seine Mannschaften wurden von Skorbut verschont. Die Ascorbinsäure versperrt den Bakterien nämlich den Weg zum Nahrungsnachschub.

Cooks Schiffsarzt *James Lind* hatte 1753 in seiner berühmten Denkschrift *A treatise of the scurvy* Zitronen empfohlen. Warum sich Cook stattdessen für Sauerkraut entschied, blieb sein Geheimnis. Wusste er von Vespucci? Oder hatte er seit seiner Zeit als Lehrling bei einem Gemüsehändler eine Vorliebe für Sauerkraut?

Die Briten hielten sich – Cook hin, Cook her – mit Erfolg an die von Lind empfohlenen Zitrusfrüchte.

Das Sauerkraut übernahm eine andere Marine: die deutsche. So kamen die Deutschen zu ihrem Spitznamen *Krauts*. Die Briten wurden im Gegenzug freundlicherweise *Limey* genannt.

3. Juni 1789

Aus dem Logbuch des William Bligh

«Sechs Tage waren wir nun an der Küste von Neu-Holland gewesen und hatten Muscheln, ein paar Vögel und Wasser von dort mitgenommen. Ich selbst fühlte weder großen Durst noch Hunger, so seltsam das klingen mag. Mir reichten meine Portionen.»

Heringsterrine

Für sechs Personen

18 Matjesfilets
150 g kleine Gurken, süßsauer
300 g junge Zwiebeln
70 g Meerrettich, gerieben
500 ml Crème fraîche
1 Apfel
1 kg neue Kartoffeln, gebürstet
5 Scheiben Gelatine
20 g Petersilie, gehackt
Öl

für die Kaviarcreme
½ Zitrone, Saft
200 ml Sahne
50 g Kaviar

Die Matjesfilets der Länge nach dritteln, das Mittelstück mit den Gräten aussondern. Zwiebeln anschwitzen. Die Mittelstreifen der Filets dazugeben. Alles auf kleiner Flamme zu einem Mus verkochen. Durch ein Sieb zu einem Püree streichen. ≈ Die Kartoffeln mit der Schale kochen und davon 200 g mit der Gabel zerdrücken und mit der warmen Crème fraîche, dem Meerrettich, der eingeweichten Gelatine und der Petersilie vermischen. Die Gurken und den geschälten Apfel in dünne Streifen schneiden, die restlichen Kartoffeln mit der Schale in Scheiben. ≈ Den Boden einer feuerfesten Form mit der vorbereiteten Masse ausstreichen, darauf die Kartoffelscheiben legen, darauf wiederum die Matjesfilets. Mit dem Püree bestreichen und mit Gurken- und Apfelstäbchen sowie gehackten Zwiebeln belegen. Das Ganze wiederholen, bis drei Lagen Kartoffeln, zwei Lagen Matjes und zwei Lagen Gurke-Apfel-Zwiebel aufeinanderliegen. Mit der restlichen Masse bedecken und vier Stunden im Kühlschrank ziehen lassen. ≈ Die Sahne mit dem Zitronensaft und dem Kaviar zu einer cremigen Sauce zusammenrühren, salzen, pfeffern und über die Terrine verteilen.

Macht's gut und danke für den Fisch

Produktionskosten bei Zucht und Fang

Für eine Tonne Seezunge werden elf Tonnen Beifang aus dem Meer gezogen.	Für eine Tonne Zuchtlachs werden drei Tonnen Fischmehl verfüttert.	Für eine Tonne Shrimps werden fünfzehn Tonnen Fischmehl verfüttert.

Sushi-Rekorde

Die längste *California Roll* . . . . 91,40 Meter
Die längste *Tekka Maki* .305,00 Meter
Die längste *Udo Maki*. . . . . 199,80 Meter
Die längste *Nori Maki* . . . . 1825 Meter (mit 1000 Kilo gekochtem Reis!)

Mindestens haltbar bis ... dank Ätznatron

Unsere nördlichen Nachbarn essen gern *Lutefisk* zu Weihnachten, ein seltsames Gericht:
Zuerst wird Stockfisch tagelang gewässert und dann in Pottasche gelegt. Dabei wird das Eiweiß reduziert und das Fett «verseift», wie der Chemiker sagt (Ester wird durch wässrige Lauge gespalten). Der Fisch wird zu einem giftigen Gelee und muss erneut ausdauernd gewässert werden, bis man ihn bei geschlossener Pfanne 25 Minuten kocht.

Makrelensoufflé

Für vier Personen

1 kg	Makrelen (4 Stück)	1	Zitrone	Salz
500 g	Kürbis	100 g	Butter	Pfeffer
6	Tomaten	125 ml	Weißwein	Cayennepfeffer
1	Schlangengurke	50 g	Zucker	Muskat
3	Schalotten	10 g	eingelegter Ingwer	Mehl
¼ l	Sahne		Essig	Öl

Den Kürbis, zwei Tomaten, eine Schalotte und den Ingwer fein würfeln. Den Zucker karamellisieren und alles in eine Pfanne geben, kurz dünsten und mit Balsam-essig ablöschen. Salzen, pfeffern. Das fertige Chutney beiseitestellen. Gurke schälen, Kerne entfernen, Gurke raspeln. Das Gurkenwasser mittels eines Handtuchs ausdrücken und die Raspeln mit der Hälfte der Sahne, Pfeffer und dem Saft einer Zitrone abschmecken. Beiseitestellen. Makrelen filetieren. Eine Hälfte der Filets in je vier Stücke schneiden, die andere in kleinere Stücke und diese mit Salz, Pfeffer, Cayennepfeffer und dem Rest Sahne pürieren und in vier gebutterte Soufflèförmchen füllen. Bei 180 Grad 15 Minuten im Ofen garen. Währenddessen vier gewürfelte Tomaten mit den übrigen Schalotten andünsten und mit Wein ablöschen. Etwas einkochen lassen und Butter zugeben. Die restlichen Makrelenstücke salzen, pfeffern und mehlen. In heißem Öl auf jeder Seite kurz braten. Fischsoufflé, Makrelenstücke, Gurkenmus, Kürbischutney und Tomatensugo arrangieren.

5. Juni 1789

Aus dem Logbuch des William Bligh

«Zusätzlich gab es sechs Muscheln. Am Abend fing ich einen Tölpel. Das Blut bekamen die drei Schwächsten, den Vogel selbst sollten wir morgen zum Dinner haben.»

Petri Heil

Die ersten vier der zwölf Jünger Jesu waren Fischer: Simon Petrus, sein Bruder Andreas, Jakobus und sein Bruder Johannes. Im Evangelium nach Markus heißt es: *Da sagte Jesus zu ihnen: Kommt her, folgt mir nach! Ich werde euch zu Menschenfischern machen. Sogleich ließen sie ihre Netze liegen und folgten ihm.* Zwei dieser Fischer waren namengebend:

Petersfisch ≈ Schmal und aufrecht schwimmt der stachelbewehrte Knochenfisch über den Grund des Ostatlantiks. Er ist grün-grau-gelb gefleckt, auf seiner Flanke prangt ein schwarzer, runder Fleck, oft gelb umrandet: Das ist der Fingerabdruck von Petrus, der ihm ein Goldstück aus dem Mund gezogen hat, als er seine und Jesu Steuern bezahlen sollte.

Jakobsmuschel ≈ Der Leichnam des Jakobus wurde nach Spanien verschifft. Ein junger Adliger ritt dem Schiff entgegen, verfehlte die Pier und versank in den Fluten. Doch wundersamerweise wurde er durch die Heiligkeit des Jakobus gerettet, über und über mit Muscheln bedeckt – die seitdem als Pilgersymbol den Jakobsweg schmücken.

Ja, und dann gibt es auch noch den

Judasfisch ≈ Manche Angler schrecken vor gar nichts zurück. Fangen sie einen Fisch, der üblicherweise in Schwärmen auftritt, so bekommt er eine Art Boje angeheftet und wird wieder freigelassen. Schließt sich der Fisch – seiner Natur Folge leistend – dem Schwarm wieder an, so hat der Angler schnell die fette Beute geortet. Der Fisch hat den Schwarm verraten.

Gaius Caecilius Plinius grüßt seinen Caninius

(Ungefähr 100 nach Christus)

«Da bin ich auf eine wahre Geschichte gestoßen, die freilich aussieht, als wäre sie erfunden, und die Deines glücklichen, reichen, ausgesprochen dichterischen Talents würdig ist; ich bin auf sie gestoßen, als kürzlich allerhand Wundergeschichten von hier und da bei Tische erzählt wurden. Der Erzähler verdient vollen Glauben, doch was kümmert einen Dichter die Glaubwürdigkeit? Immerhin, der Erzähler ist ein Mann, dem Du, selbst wenn Du Geschichte schreiben wolltest, Glauben geschenkt hättest.

In Afrika gibt es eine Kolonie Hippo, dicht am Meere gelegen. In der Nähe befindet sich eine schiffbare Lagune; aus ihr führt ein Kanal wie eine Art Fluss ins Meer, der abwechselnd, je nachdem Flut oder Ebbe ist, bald sich ins Meer ergießt, bald zur Lagune zurückströmt.

Leute jeden Alters vergnügen sich hier mit Fischen, Kahnfahren und auch Schwimmen, besonders die Jugend, die ihre Freizeit und ihr Spieltrieb dazu reizt. Ihr gilt es als Heldentat, so weit wie möglich hinauszuschwimmen; Sieger ist, wer das Ufer und zugleich seine Mitschwimmer hinter sich lässt.

Bei diesem Wettkampf wagte sich ein Knabe, der dreister als seine Kameraden war, besonders weit hinaus. Da begegnet ihm ein Delphin, schwimmt vor ihm her, folgt ihm, umkreist ihn, nimmt ihn schließlich auf den Rücken, wirft ihn wieder ab, nimmt ihn noch einmal auf den Rücken, trägt den Verängstigten auf die hohe See hinaus, kehrt dann um und bringt ihn wieder ans Land und zu seinen Kameraden.

Die Geschichte macht in der Kolonie die Runde, alles strömt zusammen, bestaunt den Knaben wie ein Wundertier, fragt ihn aus, hört ihn an, erzählt es weiter. Am folgenden Tage belagern sie das Ufer, blicken aufs Meer und alles, was wie Meer aussieht. Die Knaben schwimmen, unter ihnen der Held des Tages, aber vorsichtiger. Wieder ist der Delphin pünktlich zur Stelle, wieder nähert er sich dem Jungen. Der flieht mit den übrigen. Der Delphin schnellt in die Höhe, als wollte er ihn einladen und zurückrufen, taucht, umkreist ihn verschiedentlich und lässt ihn wieder frei.

So ging es auch am zweiten, am dritten, an weiteren Tagen, bis die am Meere aufgewachsenen Kinder sich allmählich ihrer Furcht zu schämen beginnen. Sie machen sich an ihn heran, spielen mit ihm, rufen ihn an, berühren ihn sogar und streicheln ihn, und er lässt es sich gefallen. Mit dem geglückten Versuch wächst ihre Kühnheit. Besonders der Knabe, der als Erster die Probe gemacht hatte, schwimmt an ihn heran, schwingt sich auf seinen Rücken, lässt sich hin und her tragen, glaubt, von ihm wiedererkannt und geliebt zu werden, und erwidert seine Liebe; keiner hat Angst vor dem andern. Der Junge wird immer zutraulicher, der Delphin immer zahmer.

Auch andere Knaben schwimmen ihm rechts und links zur Seite und ermuntern die beiden durch Zurufe. Ein weiteres Wunder: Ein zweiter Delphin schloss sich ihnen an, aber nur als Zuschauer und Begleiter, denn er tat und duldete nichts dergleichen, geleitete nur den andern hier- und dorthin, wie den Knaben seine Kameraden.

Unglaublich, aber doch ebenso wahr wie alles andre: Der Delphin, Reittier und Spielgefährte der Knaben, ließ sich sogar ans Land ziehen und wälzte sich, wenn er auf dem Sande trocken geworden war und es ihm zu warm wurde, wieder ins Meer.

So viel ist jedenfalls gewiss, dass Octavius Avitus, ein Legat des Statthalters, das Tier, als es einmal auf den Strand geworfen war, in törichtem Aberglauben mit Salben übergoss, dieses daraufhin vor dem neuartigen, ungewohnten Geruch aufs hohe Meer floh und erst nach vielen Tagen wieder zum Vorschein kam, matt und traurig, dann aber, als es wieder zu Kräften gekommen war, sein altes Spiel und den gewohnten Dienst wieder aufnahm.

Alle Beamten strömten zusammen, um sich das Schauspiel anzusehen, aber ihr Kommen drückte das kleine Gemeinwesen mit ungewöhnlichen Auflagen. Schließlich verlor der Ort selbst seine ruhige Abgeschiedenheit; man beschloss, heimlich aus dem Wege zu räumen, was diese Anziehungskraft ausübte.

Mit welcher Ergriffenheit wirst Du diese Begebenheit beklagen, mit welcher Fülle ausschmücken, steigern! Indessen brauchtest Du eigentlich nichts hinzuzutun oder hinzuzudichten; es genügt, wenn die Tatsachen voll zur Geltung kommen.

Leb wohl!»

8. Juni 1789

Aus dem Logbuch des William Bligh

«Wir fingen zum ersten Mal einen kleinen Delphin. Jeder bekam zwei Unzen, den Rest hoben wir für morgen auf.»

Forelle blau

Pro Person

- 1 Forelle
- ½ Karotte, klein geschnitten
- 1 Zwiebelscheibe
- 1 TL Zitronensaft (nach Belieben)
- 3 Pfefferkörner
- Salz

Forelle ausnehmen, vorsichtig waschen und innen salzen, etwas ruhen lassen. Währenddessen Zwiebeln und Karotten eine Viertelstunde in Salzwasser kochen. Forelle zugeben und bei schwacher Hitze acht bis zwölf Minuten köcheln. Salzkartoffeln und Butter passen dazu. Zitronensaft ist übrigens aus der Mode gekommen – Liebhaber genießen den reinen Forellengeschmack.

Vetter Seeigel

Neulich im Labor: Erstaunt stellt Biologieprofessor Gary Wessel fest, dass der Seeigel dem Menschen verwandtschaftlich weit näher steht, als es seine raue Schale vermuten lässt: 70 Prozent seiner Gene haben eine Entsprechung beim Menschen! Seeigel werden genauso alt wie wir, ihr Immunsystem übertrifft unseres sogar, ihre Spermien und Eier ähneln den unsrigen. Sie können zwar nicht sehen oder hören, aber sie können wie wir schmecken, riechen und die Balance halten. Bis zu dieser Erkenntnis war die Fruchtfliege mit ihren großen, leicht erkennbaren Chromosomen der Star bei Entwicklungsbiologen. Aber mit Fruchtfliegen haben wir Menschen nur 50 Prozent der Gene gemein …

Der Seeigel weidet Seegras ab, indem er mit seinem Kiefer Pflanzen abraspelt. Sein aus 40 Skelettplatten bestehender innerer Kieferapparat ähnelt einer Laterne und wurde erstmals von Aristoteles beschrieben – daher sein Name *Laterne des Aristoteles*. Seeotter lieben Seeigel – als Nahrung, versteht sich. Nimmt die Zahl der Otter ab, freuen sich die Seeigel und fressen Seegras, bis auch dieses verschwindet und daraufhin die Seeigel seltener werden.

So kann wieder Seegras nachwachsen, und der Seeigel verbreitet sich erneut. Seeigel kann man essen, roh oder kurz in Sauce erhitzt. In Japan sind auch seine Eier eine Spezialität. *Uni,* so die Bezeichnung auf der Speisekarte, steht dort nach dem Thunfisch *(Toro)* auf dem zweiten Platz der beliebtesten Sushi-Arten, allerdings auch auf dem ersten Platz der unbeliebtesten – laut einer Umfrage von japan-guide.com verabscheuen besonders Frauen Seeigeleier.

Soft shell crab

Krebse wachsen, bis es ihnen in ihrem Panzer zu eng wird: Dann häuten sie sich. In dieser Phase, während der sie nackt und schutzlos sind – also bevor sich Proteine sklerotisieren, Kalk und Salze verfestigen –, gelten einige Krebsarten als Delikatesse. Jeden Sommer werden an den Ufern der *Chesapeake Bay* von Maryland und Virginia Blaukrabben *(Callinectes sapidus)* serviert. Die Krabbe wird ab Mai mit Netzen gefischt. Jungfräuliche Weibchen werden in Reusen gelockt, in die man männliche Krebse – sogenannte *Jimmys* – gesetzt hat. Oder man angelt sie mit einem *Jimmy* als Köder. Auch im Sumpf kann man die beliebte Delikatesse finden. Der Fischer lässt die Krebse wachsen und beobachtet dabei eine feine Linie auf dem hinteren Teil des Panzers: Ist sie weiß, wird sich der Krebs in sieben bis zehn Tagen häuten, ist sie pink, muss man noch drei, allerhöchstens sieben Tage warten, und leuchtet sie rot, dann kann das Tier jederzeit aus seinem Panzer aussteigen.

Der Krebs sollte in den nächsten vier Tagen gegessen werden. Denn nach einer Woche bildet sich ein Papierpanzer, der ungenießbar ist.

Riecht das Fleisch nach Ammoniak, ist es auch zu spät. Das Rezept jedenfalls ist einfach: Panieren, frittieren und essen.

Blue Crabs gibt es in verschiedenen Gewichtsklassen:

Whales	170 Gramm	*Hotels*	70 Gramm
Jumbos	125 Gramm	*Mediums*	50 Gramm
Primes	93 Gramm		

Das Gelee der Meere

Vor langer, langer Zeit – vor einer halben Milliarde Jahren – war das Meer noch richtig leer. In der *Kambrischen Explosion,* die sich über ein paar Dutzend Millionen Jahre hinzog, entstanden zahlreiche neue Arten. Viel ist nicht davon übrig geblieben, doch seit dieser Zeit schweben Quallen durch das Meer und federn ihren zu 99 Prozent aus Wasser bestehenden Körper (wenn das nicht ein zu harter Ausdruck für das Gelee ist) durch Rückstoß ab.

Den Quallen geht es gut. Sie ernähren sich von Plankton, genau wie viele Fische. Da diese wegen der Überfischung seltener werden, ist mehr Plankton für die Nesseltiere übrig – es kommt zu einer Quallenexplosion. Mittlerweile ist die Biomasse der Quallen größer als die der Fische.

In Mexiko hat sich zum Beispiel die Mondqualle rasant ausgebreitet, in Japan die Riesenqualle, vor Norwegen die Kronenqualle und in ganz Europa die asiatische Süßwasserqualle. Schade, dass Quallen in Aquarien schlecht zu halten sind.

Kommen Sie mit Feuerquallen in Berührung, dann gießen Sie Salzwasser auf die Kontaktstelle, keinesfalls Süßwasser! Träufeln Sie Essig auf die Haut und schaben Sie die Tentakelreste mit Rasierschaum und Ihrer Kreditkarte ab.

9. Juni 1789

Aus dem Logbuch des William Bligh

«Am Morgen gab es das übliche, berechtigte Klagen. Ich gab dem Schiffsarzt Lebogue etwas Wein und ermunterte ihn. Mehr konnte ich nicht für ihn tun. Am Nachmittag litt ich an schweren Krämpfen, verursacht durch den Delphinmagen, der mein Teil gewesen war. Abends gab es Brot und Wasser.»

Quallensalat

- 200 g Qualle, getrocknet (aus dem Asialaden)
- ¼ Salatgurke, gestiftelt
- 5 Morcheln
- Streifen von grüner, gelber und roter Paprika
- Sojasauce
- Essig
- Zucker
- Sesamöl
- Chiliöl

Qualle 20 Minuten im kalten Wasser spülen, abtrocknen und in Streifen schneiden. In kochendem Wasser ohne Salz blanchieren und eiskalt abschrecken. In eine Schüssel zusammen mit Paprikastreifen, Gurke und Morcheln geben und mit Sojasauce, Essig, Zucker, Sesam- und Chiliöl eine Sauce anrichten.

Abalone

ist auch unter den Namen *Seeohr* (deutsch), *Paua* (Maori, Neuseeland), *Ormers* (England), *Tokobushi* (Japan), *Loco* (Chile) oder *Haliotis* (Latein) nicht sehr bekannt. Deshalb ein kleiner Tauchgang in die Verwandtschaft der Seeschnecke. *Abalone* gehört zum Stamm der Weichtiere – wie auch Muscheln, Seegurken, Kopffüßler – und dort in die Klasse der Schnecken, da sie nur *eine* Schale hat (wenn Sie am Strand eine einschalige Muschel finden, handelt es sich um eine Schnecke!).

Das Fleisch ist schmackhaft und sehr teuer. Meistens wird nur das Muskelfleisch des Fußes gegessen, und zwar roh als Sashimi oder kurz gedünstet, wobei das Fleisch vorher mit einem breiten Messer platt gedrückt wird. Auch die Gonaden gelten als Leckerei. Das Nervensystem der Abalone besteht aus vier

Ganglienpaaren um den Mund, sie kann damit so gerade die Balance halten. In ihrem Inneren schlägt ein Herz, durch das farbloses Blut fließt. Die Muskeln im Fuß haben eine Linksdrehung, wie sie Schnecken üblicherweise nur in der Schale aufweisen. Abalone fliehen damit vor ihrem (nach dem Menschen) größten Feind: dem Seestern. Ansonsten weiden sie ganz friedlich Seegras ab. Junge Abalone verstecken sich unter Seeigeln, um nicht entdeckt zu werden.

Die Schale besteht zu 95 Prozent aus Kalziumkarbonat, das mit fünf Prozent Eiweißklebstoff verbunden ist. Tausende von Schichten einzelner Plättchen von nur 0,5 Mikrometer Dicke (das entspricht dem Hundertstel eines menschlichen Haares) verleihen dem Perlmutt die größtmögliche Härte. An der Universität San Diego hat man nach demselben Prinzip Schusswesten konstruiert – es hält plötzlichen Schläge besser stand als Aluminium.

Abalone werden weltweit in Aquakulturen gezüchtet, selbst in Island, und weltweit gewildert. Die *Weiße Abalone,* die erste der marinen Wirbellosen, wird deshalb bald ausgestorben sein.

Die Abalone-Hymne der Internationalen Abalone-Gesellschaft

Zu singen nach der Melodie von *Yankee Doodle*

Oh! Some folks boast of quail on toast
Because they think its tony
But I'm content to owe my rent
And live on abalone!

Oh! Mission point's a friendly joint
Where every crab's a crony
And true and kind you'll ever find
The clinging abalone.

He wanders free beneath the sea
Where 'ere the coast is stony
He flaps his wings and madly sings
The plaintive abalon

Oh! Some drink rain and some
champagne
Or brandy by the pony
But I will try a little rye
With a dash of abalone.

Oh! Some like ham and some like jam
And some like macaroni
But bring me in a pail of gin
And a tub of abalone.

He hides in caves beneath the waves
His ancient patrimony
And so 'tis shown that faith alone
Reveals the abalone.

10. Juni 1789

Aus dem Logbuch des William Bligh

«An diesem Morgen, nach einer fürchterlichen Nacht, hatten sich die Männer verändert. Extreme Schwäche, geschwollene Beine, blass und hohlwangig. Sie fielen dauernd in Schlaf und konnten sich kaum verständlich äußern. Besonders dem Schiffsarzt Lebogue ging es miserabel. Ich gab ihm etwas Wein.»

Gedünstete Abalone

Pro Person

120 g	Abalone	½ Glas	Weißwein
1	Stängel Zitronengras, nur das Weiße, gehackt	1 EL	Öl
1 cm	Ingwer, geschält und gehackt	1 Klecks	Crème fraîche
			Salz, Pfeffer

Zitronengras und Ingwer bei minimaler Hitze in Öl braten, der Ingwer darf gerade braun werden. Wein zugeben und auf ein Drittel einkochen. Die Abalone in ungefähr drei Millimeter dünne Scheiben schneiden und die Scheiben nebeneinander in einen Gefrierbeutel legen. Mit einem breiten Messer oder Tortenheber sanft pressen. Die Sauce durch ein Sieb seihen und mit der Crème fraîche anmachen. Sekundenlang zum Kochen bringen, sofort die Hitze reduzieren, salzen und pfeffern und die Abalonescheiben einlegen. Sie dürfen 30 bis 45 Sekunden bei milder Hitze in der Creme ziehen. Warm servieren.

Glasflöße

Vor langer, langer Zeit, als es noch kein Styropor gab und Kork richtig teuer war, da hielten Fischer ihre Netze mit einzelnen oder in Bündeln zusammengefassten Glaskugeln über Wasser. Es begann 1840 in Norwegen mit den dicken braunen Kugeln aus Christian Bergs *Hadelands Glassverk* in Bergen. Von dort eroberten die gläsernen Flöße den Rest Europas, Nordamerika, Russland und um 1900 sogar Japan.

Für jede Netzart wurden unterschiedliche Kugeln entwickelt mit bis zu 50 Zentimeter Durchmesser und in allen Farben.

Viele dieser Kugeln werden immer noch angespült. Es sollen noch Millionen herumschwimmen, da draußen auf dem Meer.

Es gibt nichts, was nicht gesammelt wird: Der Sammlermarkt für Glaskugeln findet an jedem ersten Wochenende im März statt – *Beachcomber's Fun Fair* (Ocean Shores, Washington). Dort werden für echte Netzglaskugeln bis zu 3000 Dollar gezahlt, Originale und Repliken unterschieden und die Feinheiten aus dem *Collectors Price Guide and Identification Handbook to Glass Fishing Floats of the World* von Stu Farnsworth und Alan D. Rammer diskutiert.

Hummer Therminator

Für vier Personen

1800 g	Hummer	1 Schuss	Weißwein
60 ml	Cognac		Zitronensaft
8 g	Trüffel		Muskatnuss
4	Eigelb		weißer Pfeffer
300 g	Butter		Salz
1 TL	Mehl		Cayennepfeffer

Den Hummer in reichlich kochendem Wasser abkochen und abkühlen lassen. Den Hummerkörper der Länge nach halbieren, das Fleisch entnehmen und in Scheiben schneiden. Die Hummerkarkassen auswaschen und trocknen. Die Scheren auf einem Tuch mit dem Messerrücken aufklopfen und das Fleisch beiseitelegen. Die Butter in einem Topf erhitzen und leicht abkühlen lassen. Mehl mit Wasser verdünnen und in ein heißes Wasserbad stellen, Eigelb und Weißwein zugeben und dick und schaumig aufschlagen. Das Wasserbad vom Herd nehmen. Falls das Ei zu heiß wird, ein wenig kaltes Wasser zugeben. Die temperierte Butter langsam zugeben und aufschlagen. Die Sauce mit etwas Muskat, Salz, Pfeffer, Cayennepfeffer und Zitronensaft abschmecken und neben den Herd stellen. Das Hummerfleisch in etwas Butter anschwitzen, mit dem Cognac flambieren, einige Scheiben schwarzen Trüffel dazugeben, mit Salz und Pfeffer würzen und in die Hummerschalen einfüllen. Das Hummerfleisch mit der vorbereiteten Sauce bedecken und im vorgeheizten Backofen fünf Minuten bräunlich gratinieren.

Nottingham Galley

«Gegen Monatsende (Dezember) klagte unser Schiffszimmermann (ein dicker, schwerer und phlegmatischer Mann von 47 Jahren), der bereits von Anfang an sehr krank war und seine Beine nicht mehr bewegen konnte, über heftige Rückenschmerzen und steifen Hals: Wie er so voller Schwermut vegetierte, sahen wir sein Ende nahen. Wir beteten für ihn und taten unser Bestes für seine letzte Zeit, er wurde immer stiller und starb in dieser Nacht. Wir betrauerten seinen Körper die ganze Nacht, und ich fragte mich, wer ihn beseitigen möge; schluchzend, ob uns die Vorsehung dies geschickt habe, um unseren unsäglichen Hunger zu besänftigen. Mittags kehrte ich zurück, und der Körper war immer noch da. Warum wurde er nicht entfernt? fragte ich. Sie hatten es nicht geschafft, und so schlangen wir ein Seil um den Körper und zogen ihn gemeinsam unter Anstrengungen aus dem Zelt. Verzweiflung überwältigte mich derart, dass ich fast ohnmächtig ins Zelt kroch. Kaum war ich drin, verlangten die Männer auf dem Höhepunkt ihrer Verzweiflung, den Körper zu essen, um ihr Leben zu retten. Das war das Schlimmste, das ich jemals erlebt habe. Ich und meine Kameraden waren hier vor drei Wochen gestrandet, und nun befanden wir uns in diesem jämmerlichen Zustand, zwei waren bereits verhungert, zwei waren verschollen, und wir mussten zum Letzten greifen, um zu überleben: die Toten essen.

Nach langen und tiefen Überlegungen über Sünde und Gesetzmäßigkeit unseres Handelns beschlossen wir, unseren Hunger mit der Leiche zu stillen. Wir bestatteten Haut, Hände, Füße, Kopf und Eingeweide in der See, und ich beschloss, den Rumpf teilen und trocknen zu lassen. Die Meinen fühlten sich nicht in der Lage dazu und baten mich, diese schwierige Aufgabe zu übernehmen, und unter Gebeten tat ich es. Ich schnitt das Fleisch in dünne Streifen und wusch es in Meerwasser, brachte es ins Zelt und befahl den Männern, es zusammen mit den Felsalgen anstelle von Brot zu essen.»

Kapitän John Dean von der *Nottingham Galley,* gestrandet auf Boon-Island, 1710

Mit dem kulinarischen Kielschwein durchs Jahr

Ende Januar
Thorrinn, ein altes heidnisches Fest in Island mit «interessanten» Wikingerspeisen

Mitte Februar
Chili-Kochwettbewerb in Ajijic, Mexiko

Ende Februar
Canadian Ice Fishing Championship, Georgina, Ontario

März
Beim *Argungu*-Fisch-Festival in Nigeria stehen bis zu dreitausend Fischer mit Handnetzen im Fluss und versuchen ihr Glück.

April
Kirschblüte in Japan, Picknick im Park

Mitte April
Songkran in Chiang Mai – das thailändische Neujahrsfest ist berühmt für seine Wasserschlachten, Khantoke-Dinner und Kochwettbewerbe.

Zweites Wochenende im Mai
Bei der *Sagra del Pesce* in Camogli, Italien, wird massenhaft Fisch frittiert und kostenlos verteilt.

Letztes Wochenende im Mai
In Holland gibt's neuen Matjes.

Letzte volle Woche im Juni
Kieler Woche – die größte Segelregatta der Welt wird seit 1882 ausgetragen. 30 Nationen präsentieren sich in der Festwoche auch mit ihren kulinarischen und kulturellen Genüssen.

Zweites Wochenende im Juli
Fischsuppen-Wettbewerb in Baja, Ungarn

Ende Juli
Singapore Food Festival

Anfang August
Husumer Krabbentage
Lobster-Festival in Maine

Zweite Augustwoche
Hanse Sail in Rostock – Windjammer-Treffen und kulinarische Köstlichkeiten

Dritter Donnerstag im August
Der neue *Surströmming* (verrotteter Fisch) kommt in Schweden auf den Markt.

Letztes Wochenende im September
Weltmeisterschaft im Austernöffnen in Galway, Irland

Mitte Oktober
Seabean Symposium in Cocoa Beach, Florida – Treffen der Drifters, also der Fans von Treibgut, Flaschenpost und Meeresströmung

Anfang November
Rum Festival in St. Lucia, Karibik

Dezember
In Skandinavien beginnt die *Lutefisk*-Saison.

Lord Sandwich

Wer sich mit *John Montagu,* dem 4. Earl von Sandwich (1718–1792), beschäftigt, kann leicht den Überblick verlieren.

Wahnsinn ≈ Der Großvater brachte sein Vermögen durch und wurde wegen Geisteskrankheit entmündigt. Der Vater starb, als der spätere Lord Sandwich vier Jahre alt war, die Mutter schob ihn mit sieben Jahren nach Eton ab. Montagus eigene Frau wurde depressiv und geisteskrank. Seine Geliebte, mit der er neun Kinder hatte, von denen fünf überlebten, wurde von einem anderen Liebhaber erschossen.

Karriere ≈ Einerseits erfolgreich: Für einen Politiker reichte sein Vermögen nicht aus, sein ererbter Titel verhalf ihm aber zu einem Sitz im Oberhaus. Mit Intelligenz, Geschick und Charme machte er das Beste daraus. Als 30-Jähriger vertrat er 1748 Großbritannien beim Zweiten Aachener Frieden, der den Österreichischen Erbfolgekrieg beendete. Daraufhin wurde er *Erster Lord der Admiralität.* Einen Posten, den er insgesamt dreimal inne hatte.
Andererseits liegen über der Karriere des Earls auch einige große Schatten: Beim Abschluss des Friedensvertrags wurde er reingelegt, unter seiner Führung verlor Großbritannien die amerikanischen Kolonien, und seine Amtsführung gilt als die korrupteste in der britischen Marinegeschichte.

Geheimgesellschaften ≈ Ein dritter Aspekt im Leben des John Montagu sind seine (Geheim-) Gesellschaften. Er gründete die *Türkische Gesellschaft* und initiierte die ersten archäologischen Expeditionen in den Orient. Er war Freimaurer, Mitglied der *Society of Dilettanti,* dem *Catch Club,* der sich alter Musik widmete und Georg Friedrich Händel förderte, und dem *Kit Kat Club,* einer politisch-künstlerischen Vereinigung. In Berlin gibt es heute einen gleichnamigen Club, der Dresscode verlangt Latex, Dessous, Peitsche und viel nackte Haut. Vielleicht haben dessen Betreiber den Namen aber auch vom Club im Film *Cabaret* geklaut.
Lord Sandwich besuchte außerdem den berühmten *Hellfire Club,* dessen Motto *Tu was du willst* von Rabelais ausgeliehen wurde. Der *Hell-*

fire Club ist mit seinen schwarzen Messen und als Nonnen verkleideten Prostituierten der legendäre Vorläufer aller satanistischen Vereinigungen. Aleister Crowley, der berühmteste Satanist des 20. Jahrhunderts, übernahm für seine Abtei Thelema auf Sizilien das Rabelais-Motto. Später bediente sich die Popkultur bei Crowley – von Kenneth Anger, den Rolling Stones, Throbbing Gristle bis Guns N' Roses. Ein Comic und zahllose Sadomaso-Vereine nennen sich *Hellfire Club*.
Übrigens war auch Benjamin Franklin dabei, der Mann von der 100-$-Note, der sich der Aufklärung und der Natur verpflichtet fühlte – wobei *Natur* bei den Zeitgenossen Sandwichs *Sex* bedeutete.

Twitcher ≈ Doch Lord Sandwich hat weitere Spuren hinterlassen. Der Club wurde zum Skandal. Montagu verriet seine Freunde und erhielt den Spottnamen *Twitcher*, zu deutsch *Verpfeifer*. John Gay nannte in seiner *Beggar's Opera* den Verräter Macheaths Twitcher. In Bertolt Brechts *Dreigroschenoper* wandelt sich dessen Geschlecht, Macheath – genannt Mackie Messer – wird von der Seeräuber-Jenny verraten.

Inseln ≈ Und das ist noch nicht alles. Lord Sandwich schickte James Cook auf dessen zweite und dritte Reise. Aus Dankbarkeit und Pflichtgefühl taufte der Entdecker zwei Inselgruppen nach seinem Auftraggeber: Die *South Sandwich Islands* gibt es noch, eine vereiste Inselgruppe in der Antarktis, die anderen Sandwich-Inseln heißen heute – *Hawaii*.

Snack ≈ Und ja, nach John Montagu wurde das *Sandwich* benannt. «Vierundzwanzig Stunden spielte ein Staatsminister an einem öffentlichen Tisch, so beschäftigt, dass er in der ganzen Zeit nichts zu sich nahm als ein Stück Fleisch zwischen einem Toastbrot, welches er, ohne sein Spiel zu unterbrechen, essen konnte. Diese neue Speise wurde während meines Aufenthalts in London sehr berühmt und nach dem Minister benannt.» So weit der französische Reiseschriftsteller Pierre-Jean Grosley. Übrigens die einzige Quelle dieser schönen Geschichte …

Die erste Reise um die Erde

«Am Mittwoch, dem 28. November, nahmen wir von der Meerenge Abschied und kamen in ein Meer, in dem wir drei Monate und zwanzig Tage segelten, ohne die geringste frische Nahrung zu genießen. Der Zwieback, den wir aßen, war kein Zwieback mehr, sondern nur noch Staub, der mit Würmern und dem Unrat von Mäusen vermischt war und unerträglich stank. Auch das Wasser, das wir zu trinken gezwungen waren, war faulig und übel riechend. Um nicht Hungers zu sterben, aßen wir das Leder, mit dem die große Rahe zum Schutz der Taue umwunden war. Diese Lederstücke, beständig dem Wasser, der Sonne und den Winden ausgesetzt, waren so hart, dass wir sie vier bis fünf Tage lang in Meerwasser tauchen mussten, um sie weicher zu machen. Dann brieten wir sie auf Kohlen und würgten sie, von Ekel geschüttelt, durch die Kehle. Oft blieb uns auch nichts anderes übrig, als Sägespäne zu essen, und selbst Mäuse, sosehr sie der Mensch verabscheut, waren eine so gesuchte Speise geworden, dass für eine bis zu einem halben Dukaten bezahlt wurde. Während dieser schrecklichen Tage starben vier von uns, und Magellan ließ jedes Mal, wenn einer den letzten Seufzer getan hatte, den Leichnam rasch den Wellen überantworten. Wahrscheinlich befürchtete er, der eine oder andere könnte zum Menschenfresser werden. Ich sah einen, der mit von Gier erfüllten Augen auf einen soeben verstorbenen Spanier starrte und dabei den Unterkiefer mahlend hin und her bewegte, und ich gab mich keinem Zweifel hin, dass dieser Seemann überlegte, welches Stück er aus dem Toten schneiden könnte, um es roh hinunterzuschlingen. Zwei Bootsmänner gerieten wegen einer erlegten Ratte in Streit, und der eine von ihnen erschlug den anderen mit der Axt, mit der er die Ratte getötet hatte. Magellan ließ den Übeltäter auf unser Schiff bringen und verurteilte ihn zum Tode. Der Bootsmann sollte gevierteilt werde, aber niemand besaß die Kraft, das Urteil zu vollstrecken. So wurde er erdrosselt und der Leichnam ins Meer geworfen.»

Antonio Pigafetta: *Die erste Reise um die Erde,* 1524

Magellan, Pigafetta und zweihundertzweiunddreißig weitere Männer hissten am 10. August 1519 in Sevilla die Segel zur ersten Weltumseglung. Ihr Ziel waren die *Gewürzinseln*. Nach rund drei Jahren kehrten achtzehn Männer zurück.

12. Juni 1789

Aus dem Logbuch des William Bligh

«Um drei Uhr morgens entdeckten wir zu unserer großen Freude Timor. Es gab die übliche Menge Brot und Wasser, und etwas von dem Vogel, den wir letzte Nacht gefangen hatten. Lebogue bekam Wein.»

Zwei Tage
später landen
Bligh und die Seinen
in Coupang (heute Kupang,
West-Timor) und werden vom
Gouverneur William Adrian
van Este empfangen.
Sie hatten überlebt – allein der
Schiffsarzt Lebogue
starb kurz nach der
Rettung an
Erschöpfung.

Die 41 Tage dauernde und 6700 Kilometer lange Fahrt mit dem winzigen Boot gilt als eine der größten Heldentaten in der Geschichte der Seefahrt, vergleichbar nur mit Ernest Shacklestones Fahrt durch die Antarktis, Vasco da Gamas Indienfahrt oder Magellans Weltumseglung.

Das kulinarische Kielschwein empfiehlt:

Lorenz Schröter

wurde 1960 geboren, ist Reisejournalist und hat mit *Das kleine Kielschwein* «das beste Buch der Welt» *(Zweite Hand Bootshandel)* geschrieben. In zwei Jahren radelte er um die Welt: über Gibraltar, Afrika, Asien bis nach Mittelamerika und wieder zurück. Danach lebte er drei Jahre auf einer kleinen, autofreien Insel vor Hongkong. Zurück in Europa unternahm er eine Deutschlandreise auf dem Rücken eines Esels. Er überquerte die Straße von Hormuz mit einer Dhau, fuhr auf einem Containerschiff von Singapur nach Hongkong und hat bis heute 110 Länderpunkte nach den Century-Travellers-Club-Regeln gesammelt. Lorenz Schröter hat eine Wohnung in Berlin, fühlt sich aber auf der ganzen Welt zu Hause.

Notizen zum Kochen bei Lage

Quellen

S. 100 aus ≈ James Hamilton-Paterson: *Seestücke. Das Meer und seine Ufer.* Aus dem Engl. von Hans-Ulrich Möhring. Klett-Cotta, Stuttgart 1995

S. 101 aus ≈ Yann Martel: *Schiffbruch mit Tiger.* Aus dem Engl. von Manfred Allié und Gabriele Kempf-Allié. (auch Fischer Taschenbuch 15665)

S. 110 aus ≈ Günter Grass: *Die Blechtrommel.*

Pst.

Das kleine Kielschwein hat große Ohren – flüstern Sie ihm Ihre Meer-Idee:
das kleinekielschwein@marebuch.de